# LANDSKNECHT
# Coloring Book

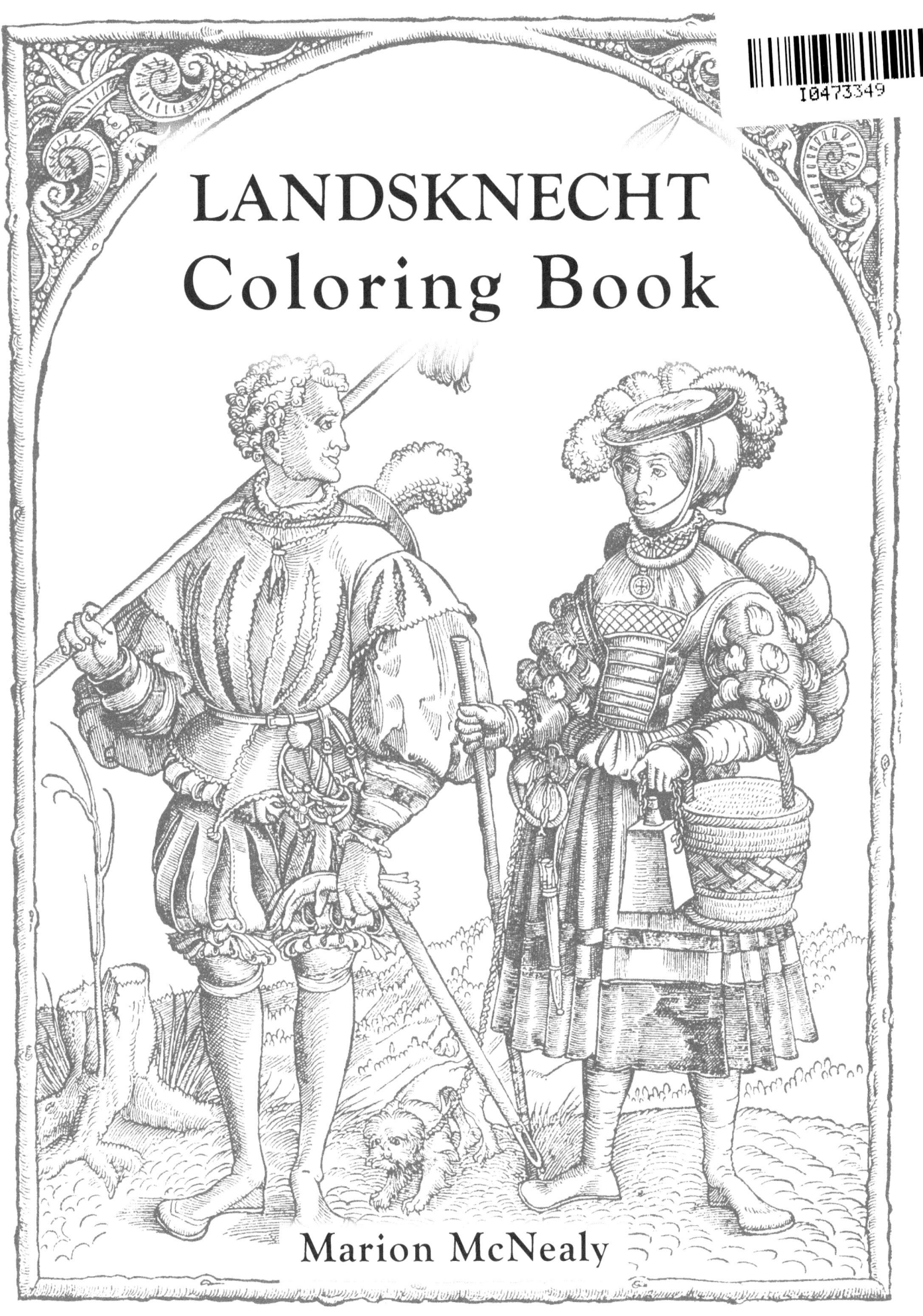

## Marion McNealy

Landsknect Coloring Book

ISBN-13: 978-0-9985977-0-6
ISBN-10: 0998597708

Cover Design: Tina Hain, www.expresso-grafik.de

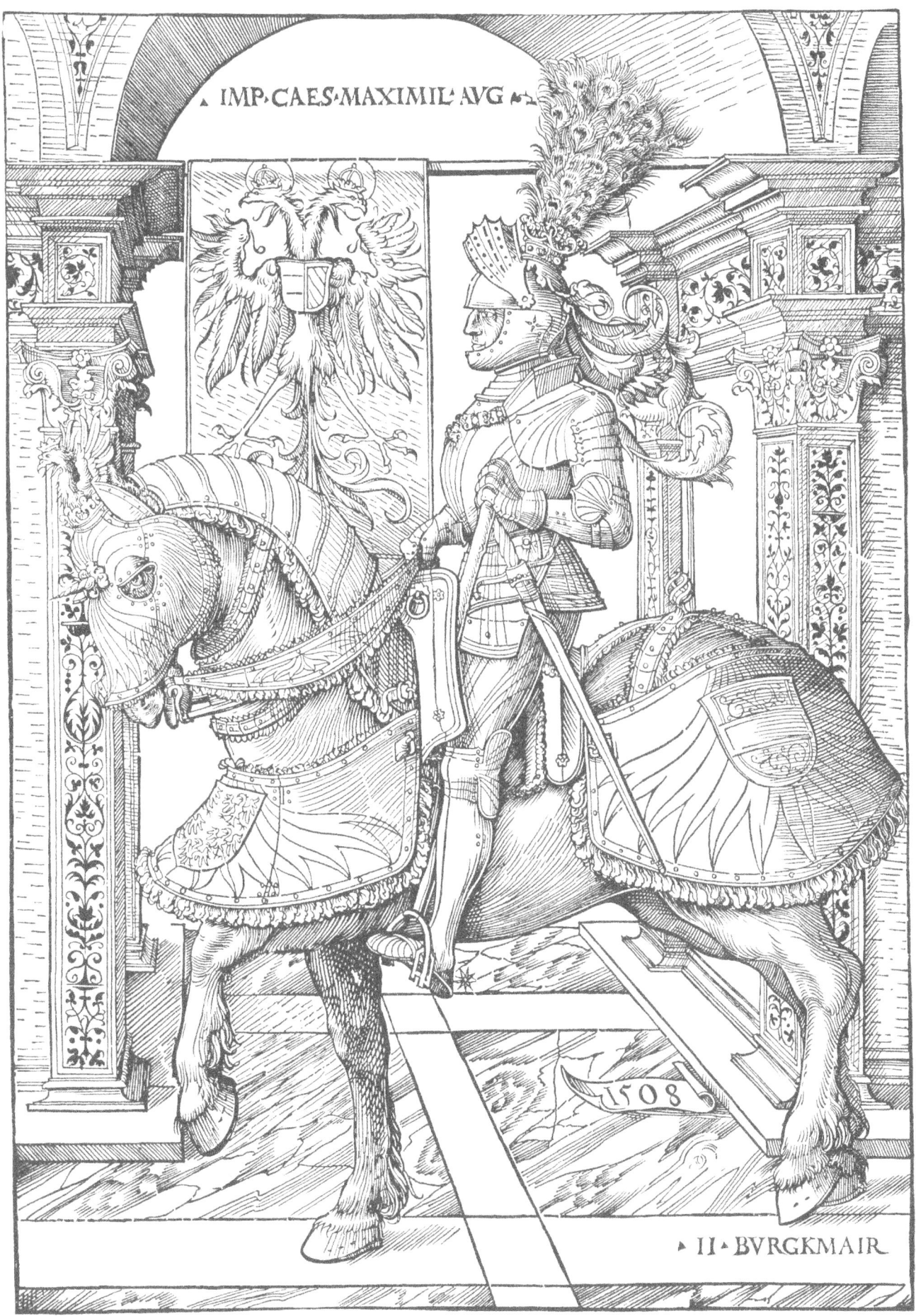

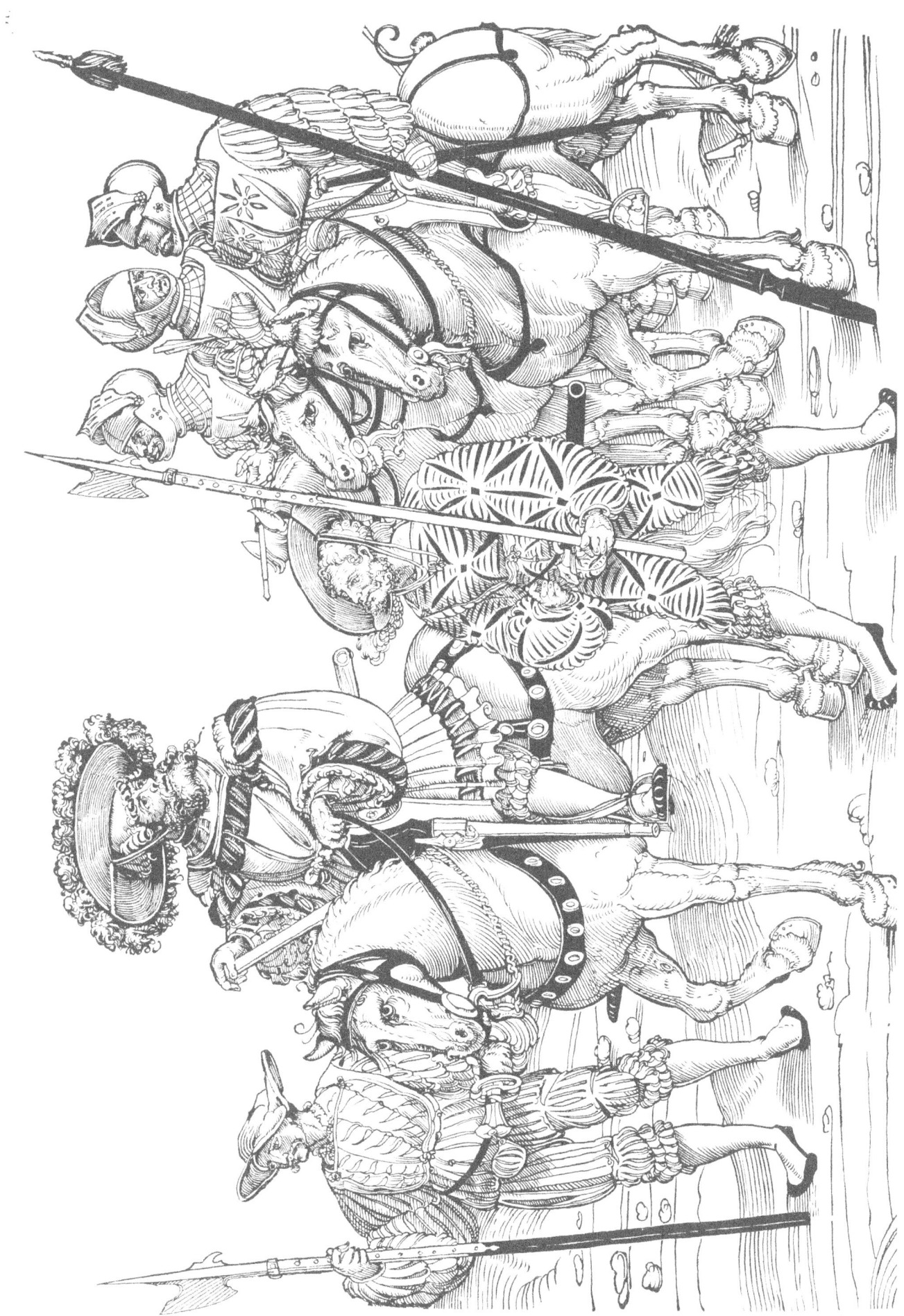

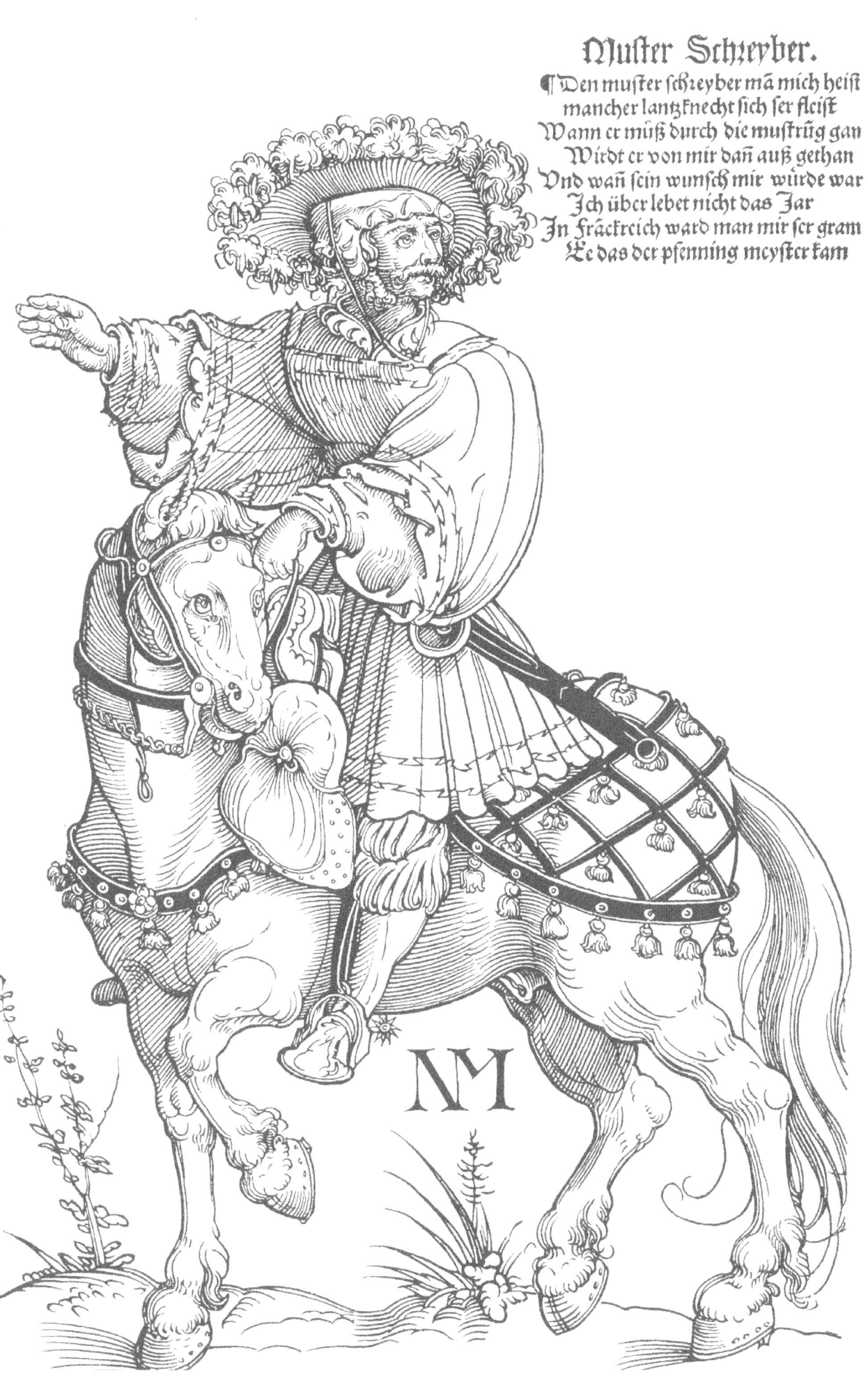

Muster Schreyber.

¶ Den muster schreyber mã mich heist
mancher lantzknecht sich ser fleist
Wann er müß durch die mustrüg gan
Wirdt er von mir dañ auß gethan
Vnd wañ sein wunsch mir würde war
Ich über lebet nicht das Jar
In Frackreich ward man mir ser gram
Ee das der pfenning meyster kam

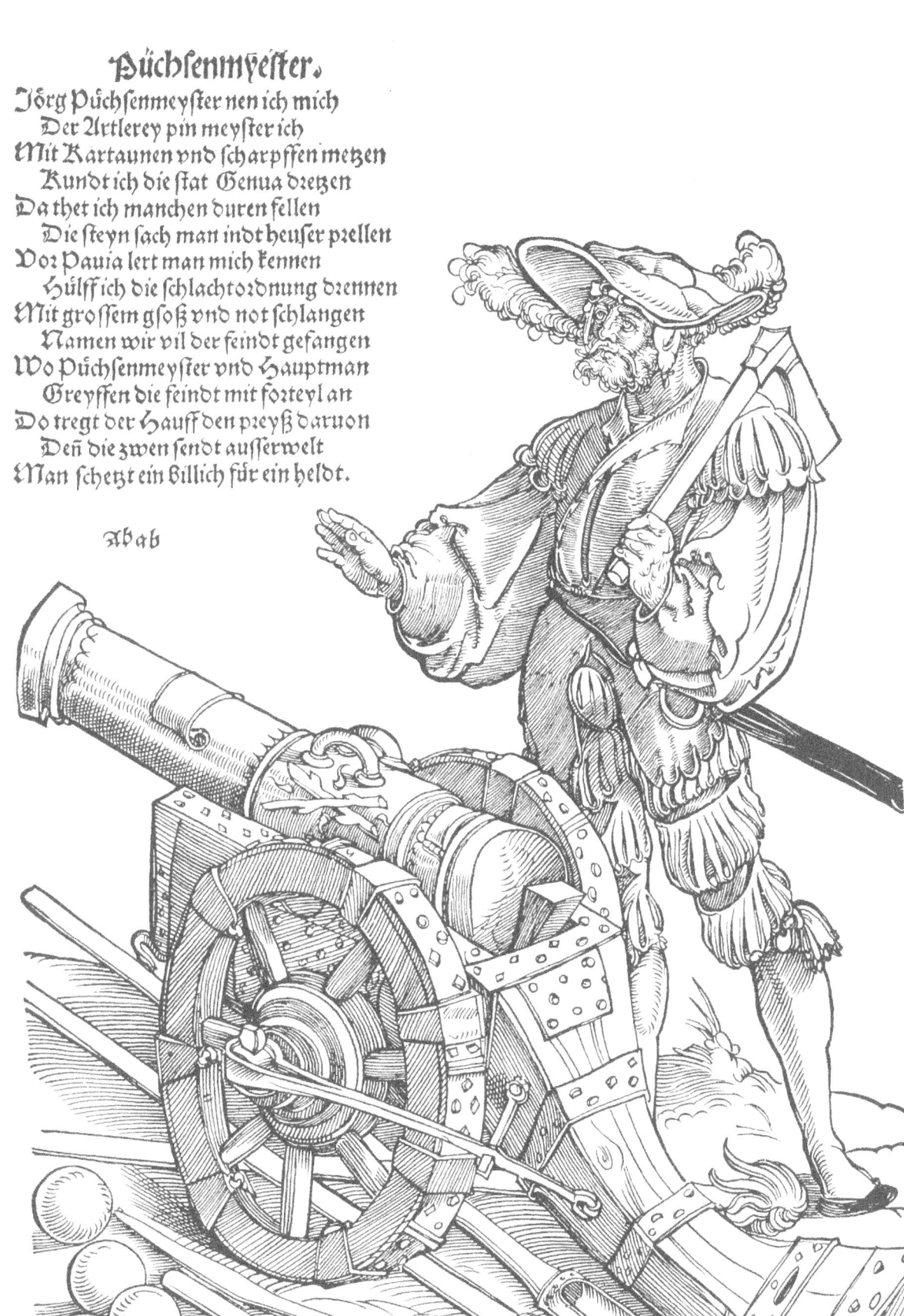

# Püchsenmeſter.

Jörg Püchſenmeyſter nen ich mich
    Der Artlerey pin meyſter ich
Mit Kartaunen vnd ſcharpffen metzen
    Kundt ich die ſtat Genua dretzen
Da thet ich manchen duren fellen
    Die ſteyn ſach man indt heuſer prellen
Vor Pauia lert man mich kennen
    Hülff ich die ſchlachtordnung drennen
Mit groſſem gſoß vnd not ſchlangen
    Namen wir vil der feindt gefangen
Wo Püchſenmeyſter vnd Hauptman
    Greyſſen die feindt mit forteyl an
Do tregt der Hauff den preyß daruon
    Deñ die zwen ſendt auſſerwelt
Man ſchetzt ein Billich für ein heldt.

Hab

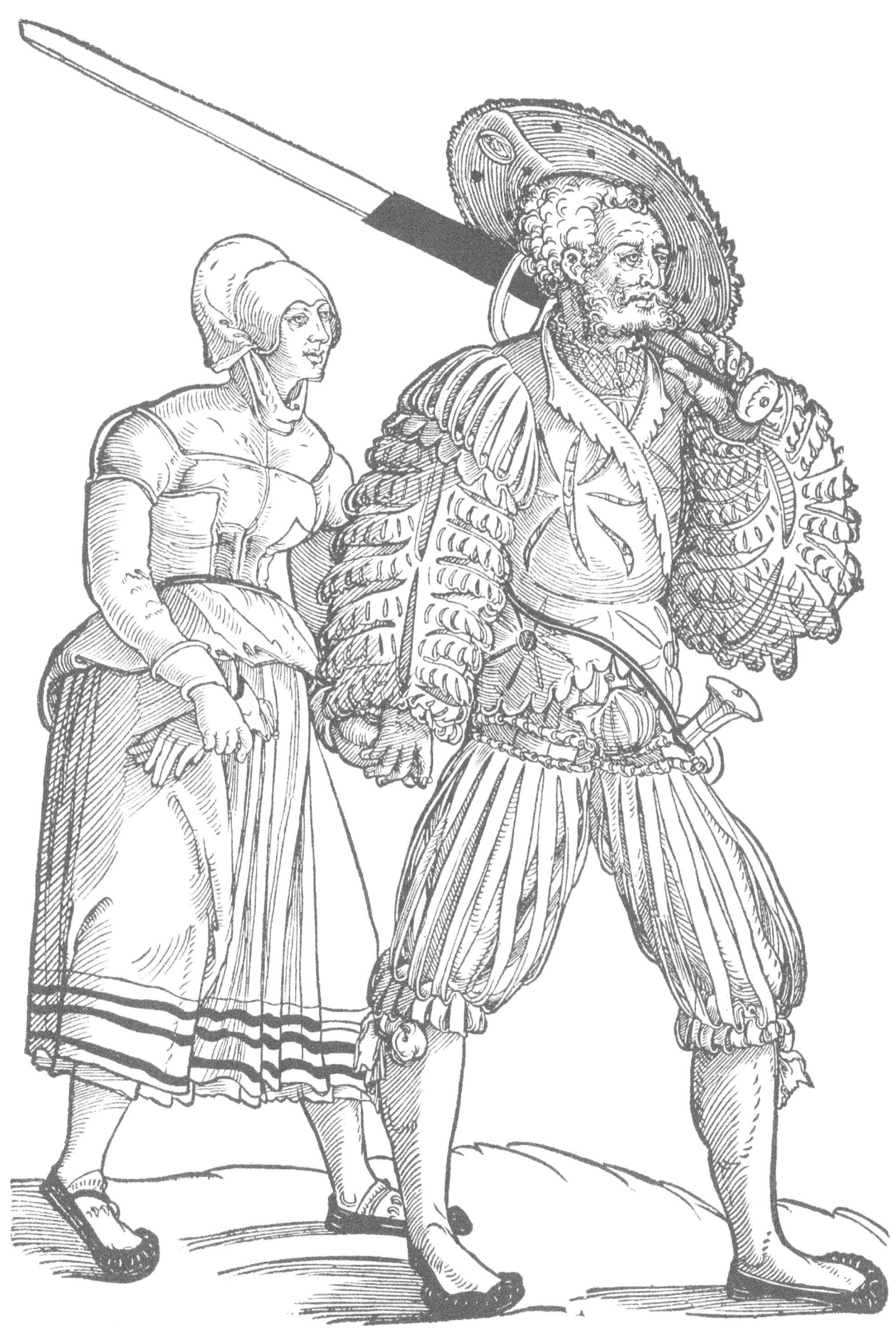

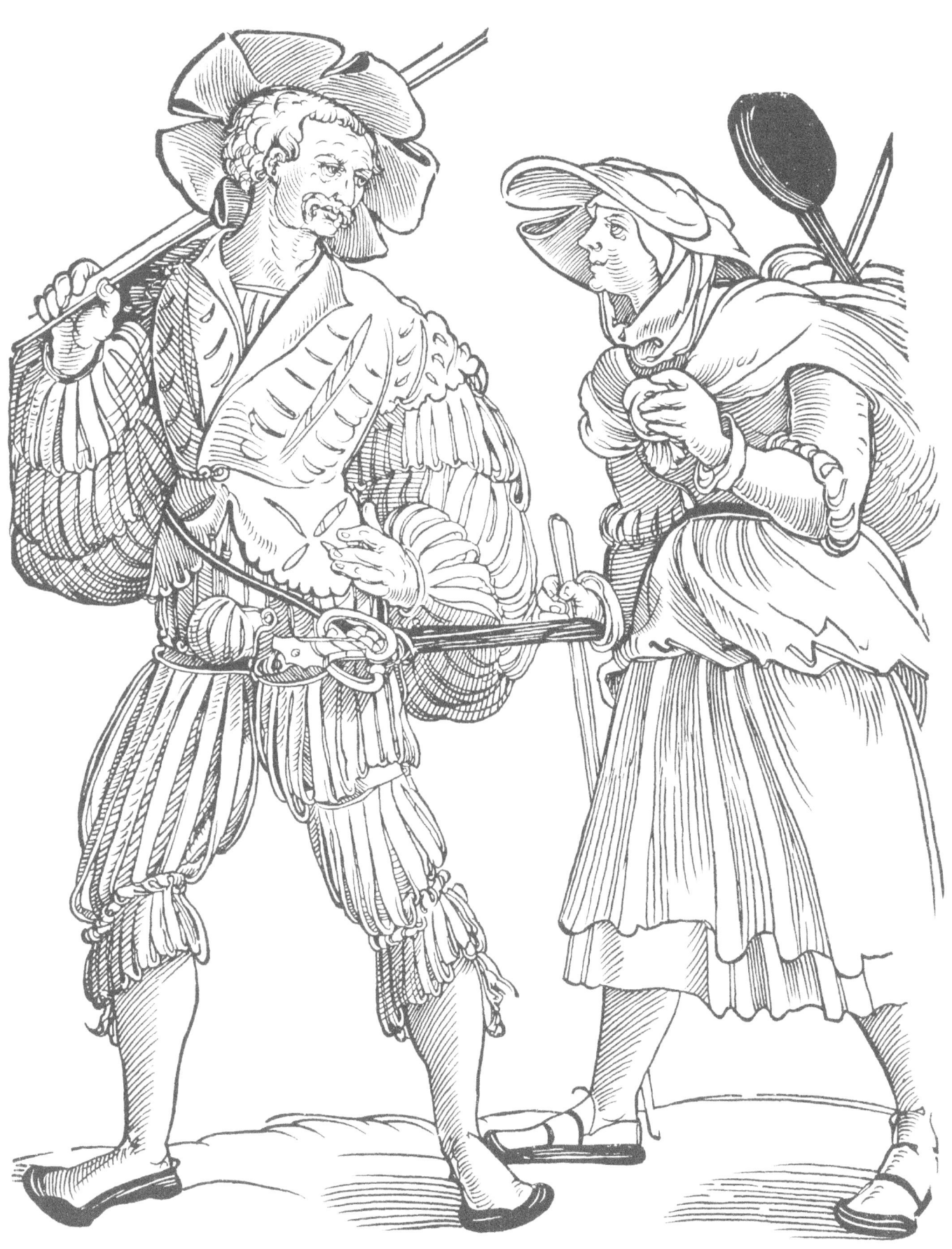

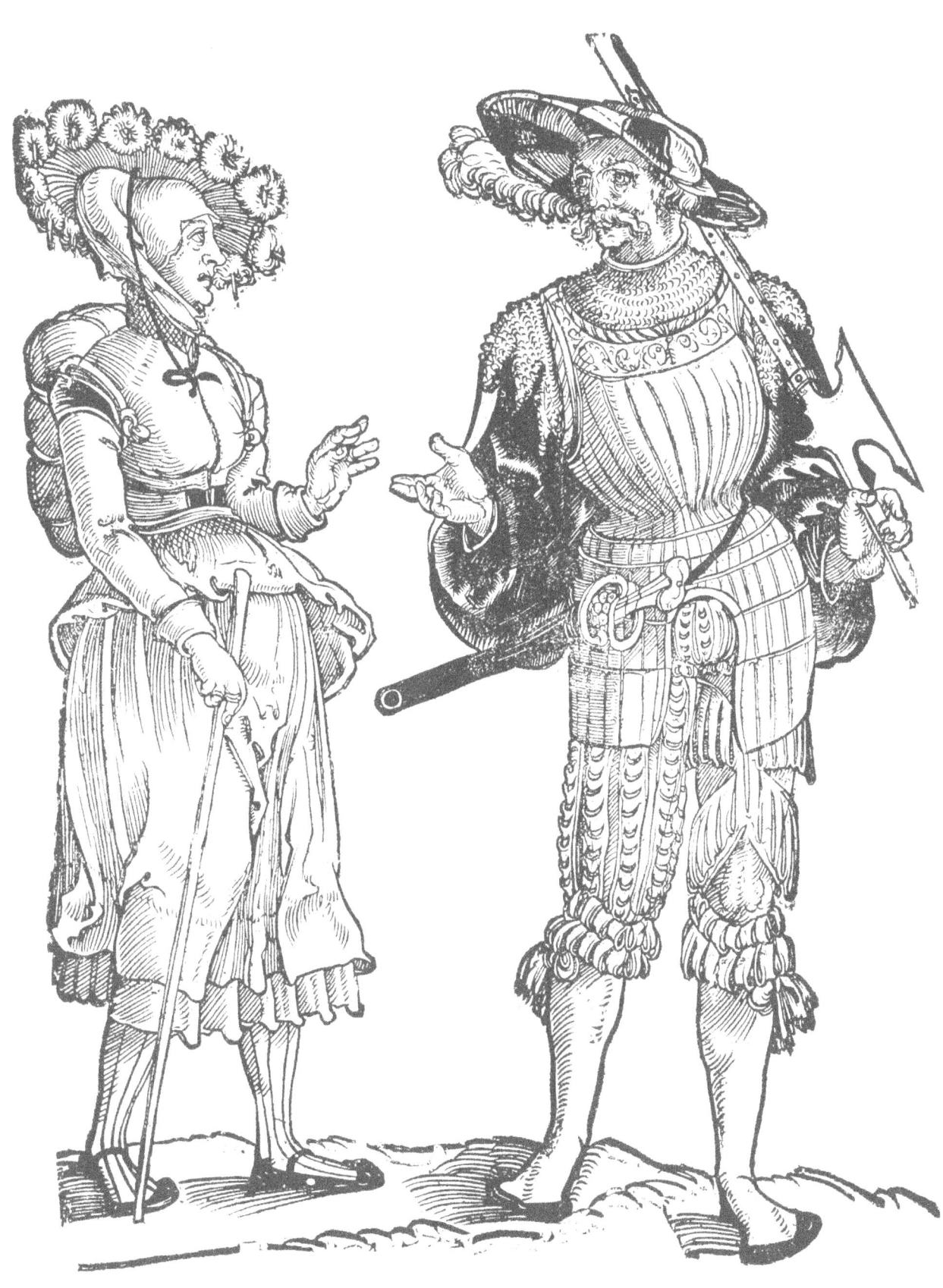

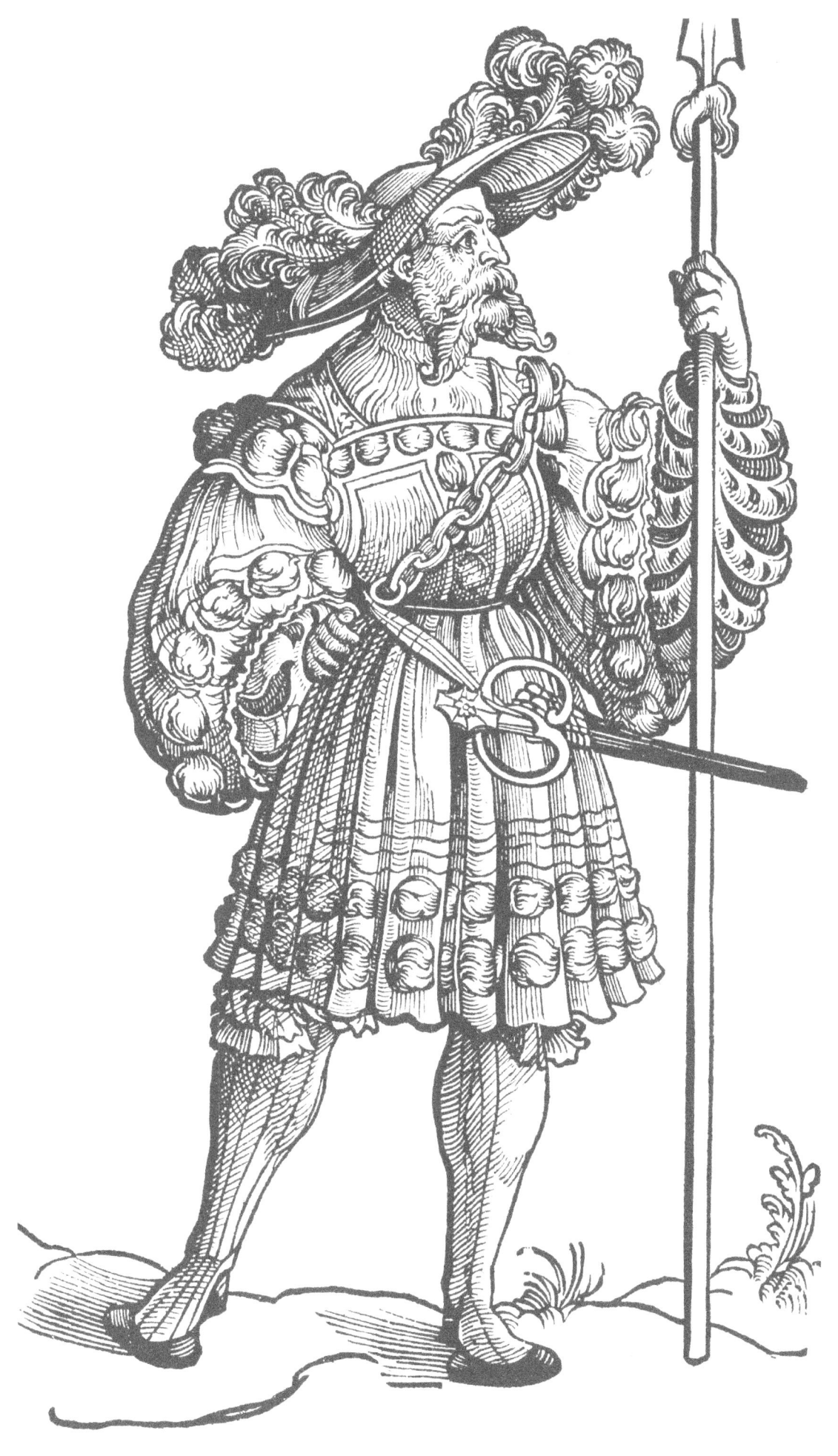

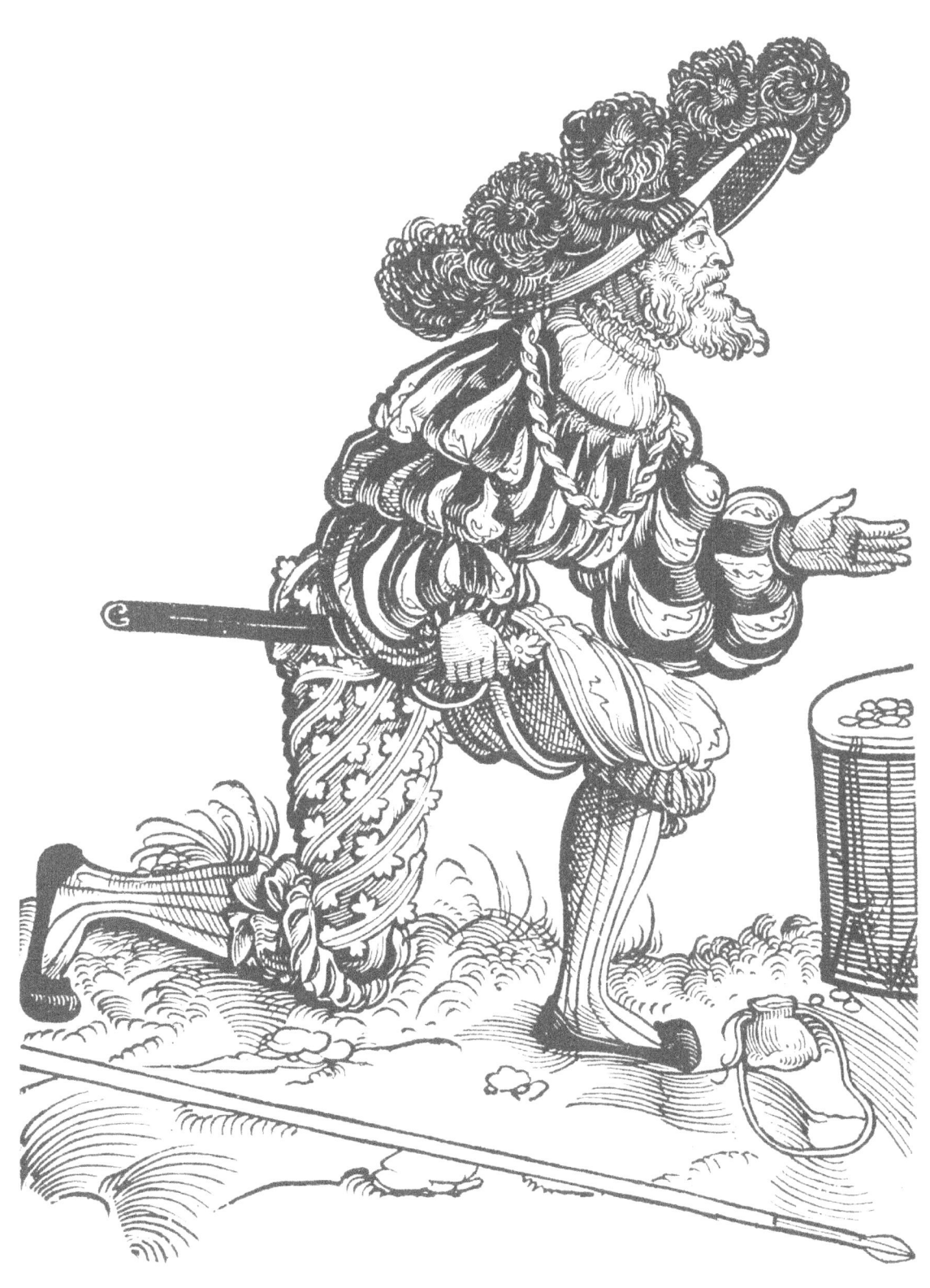

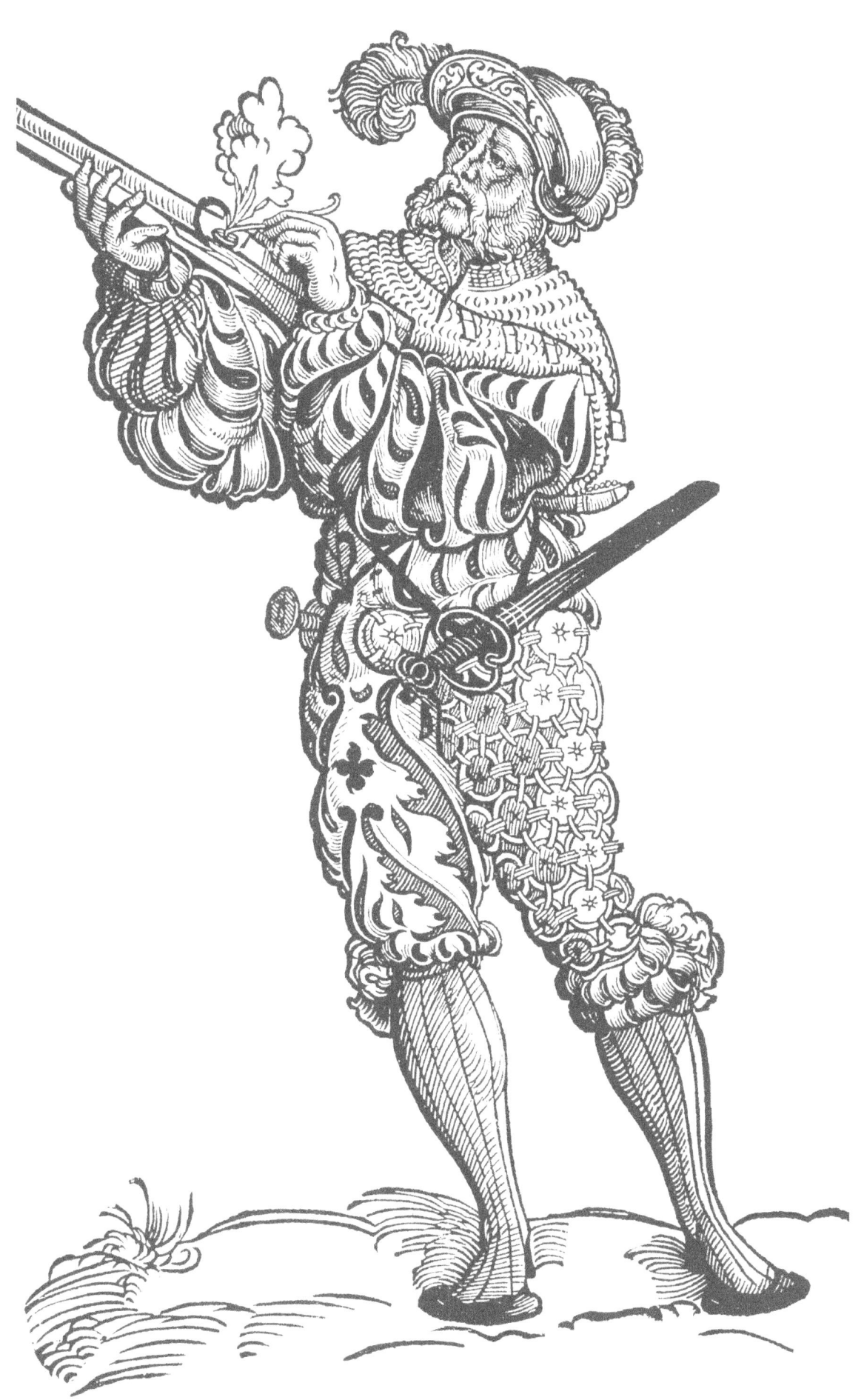

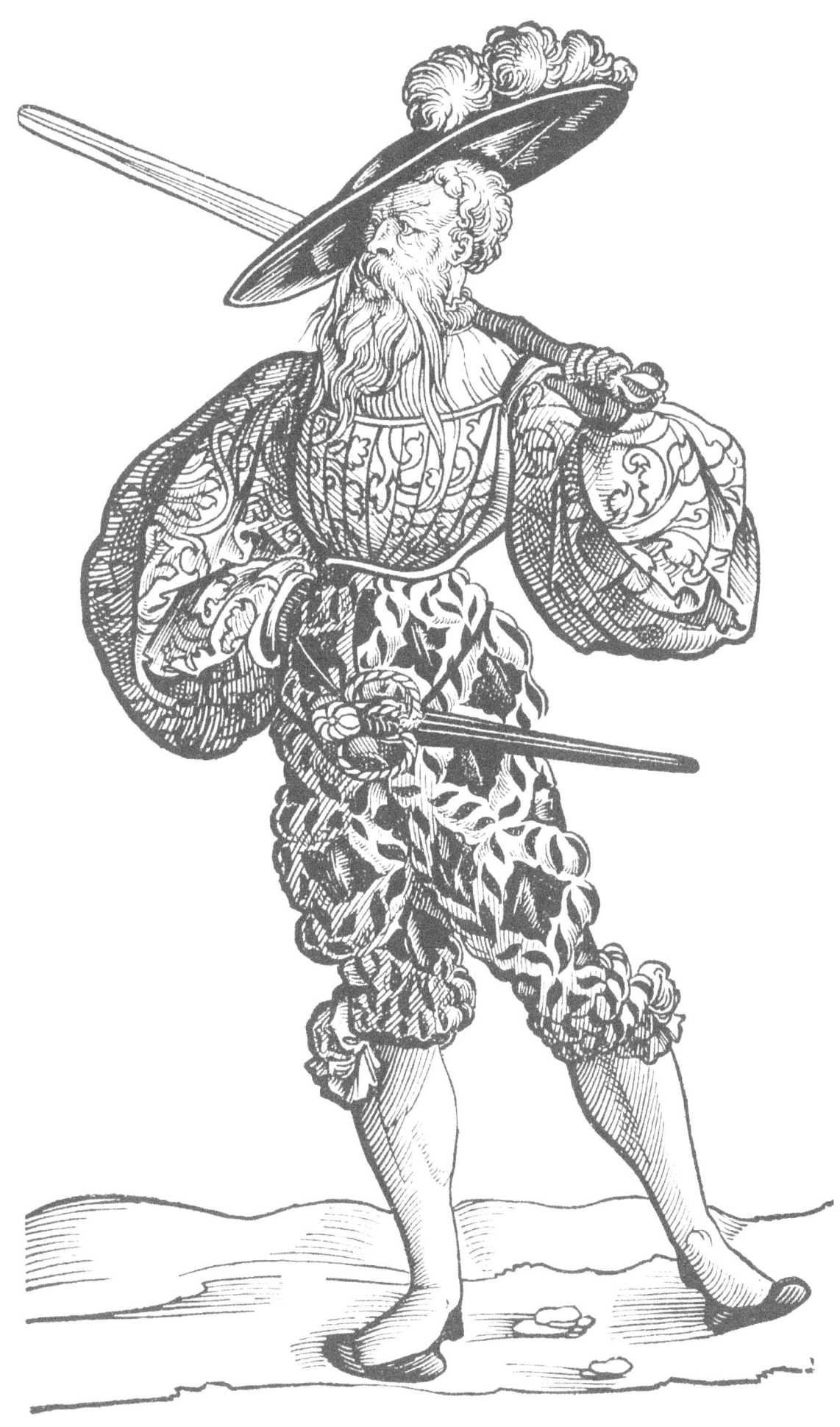

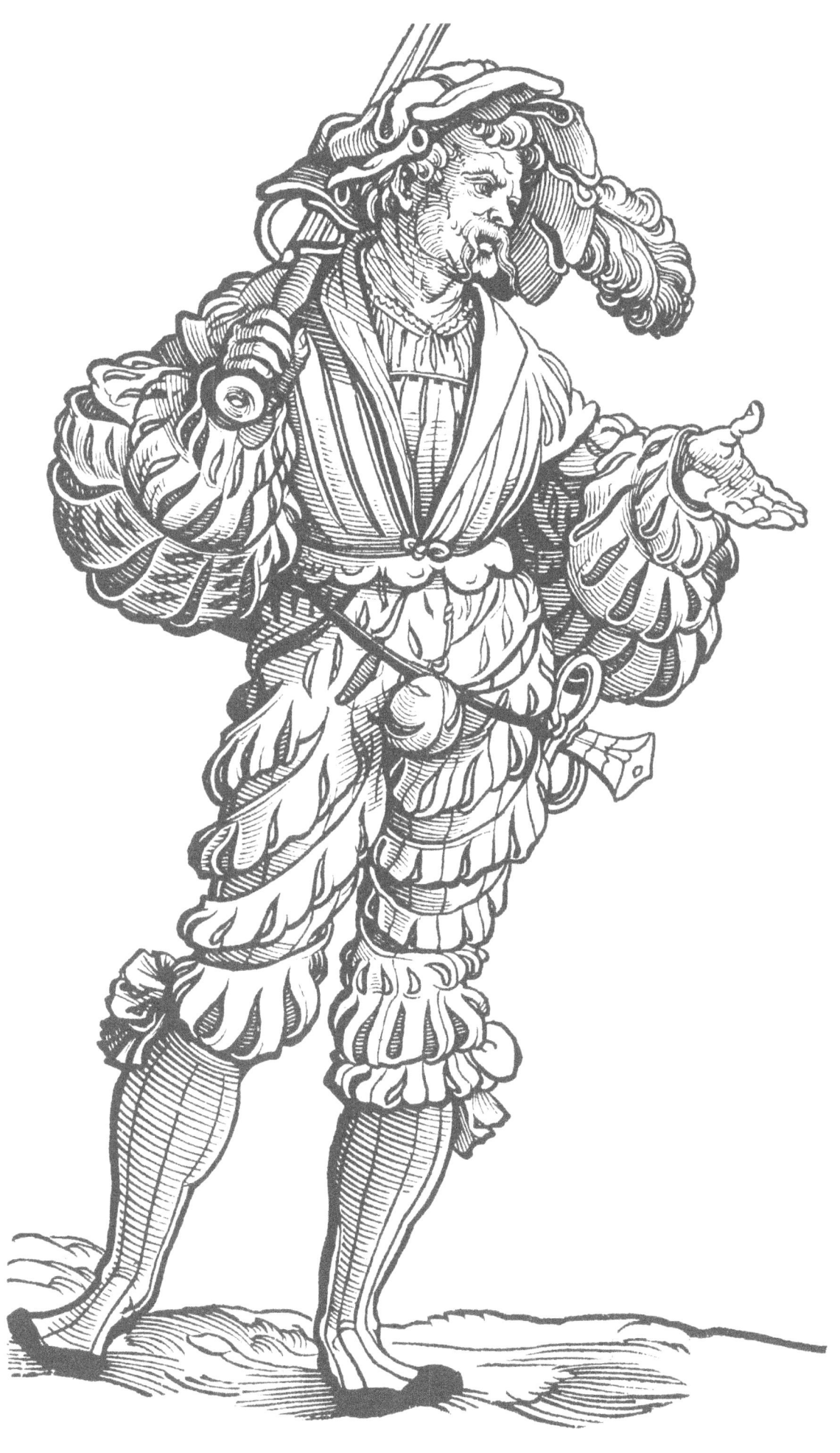

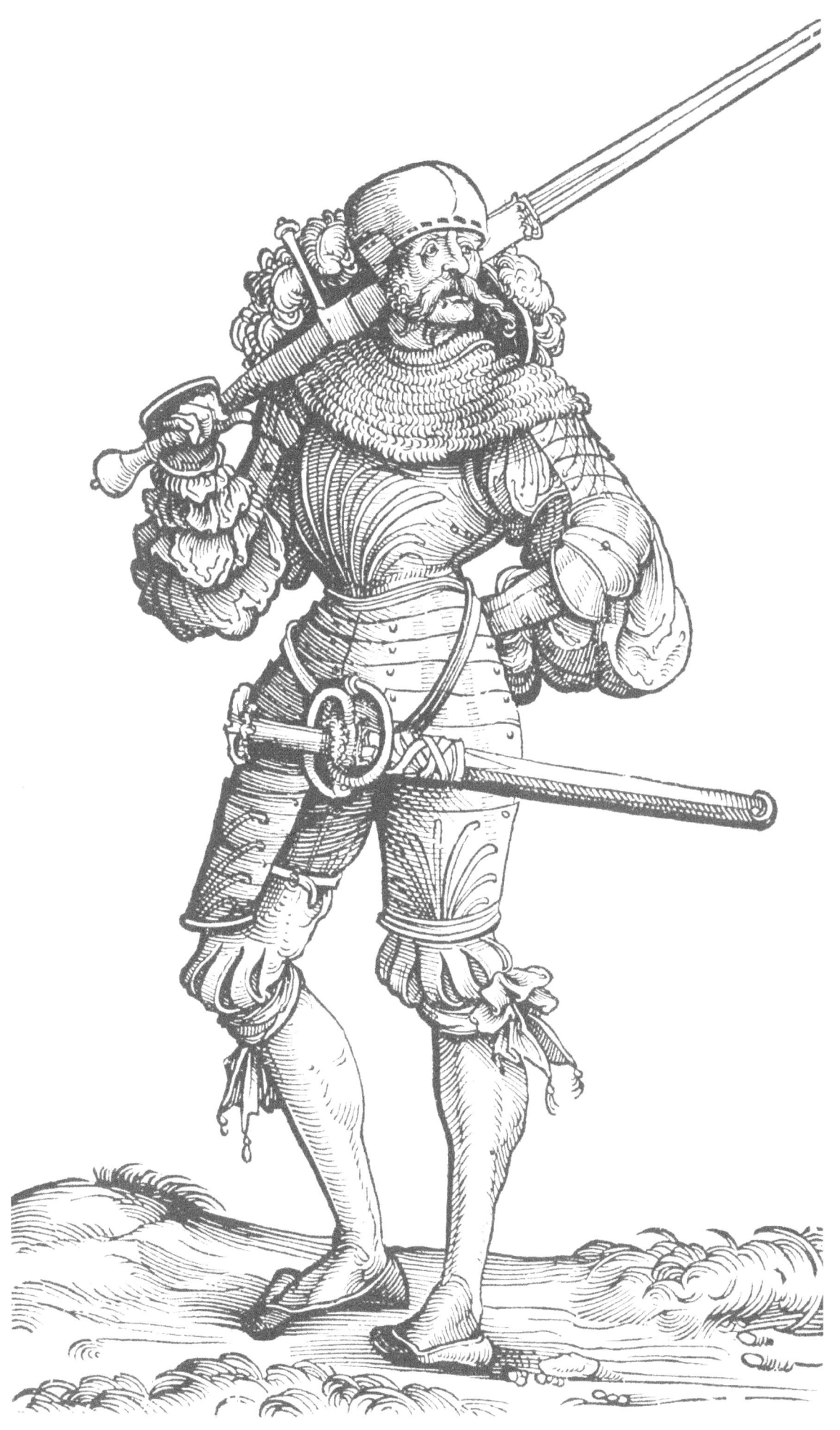

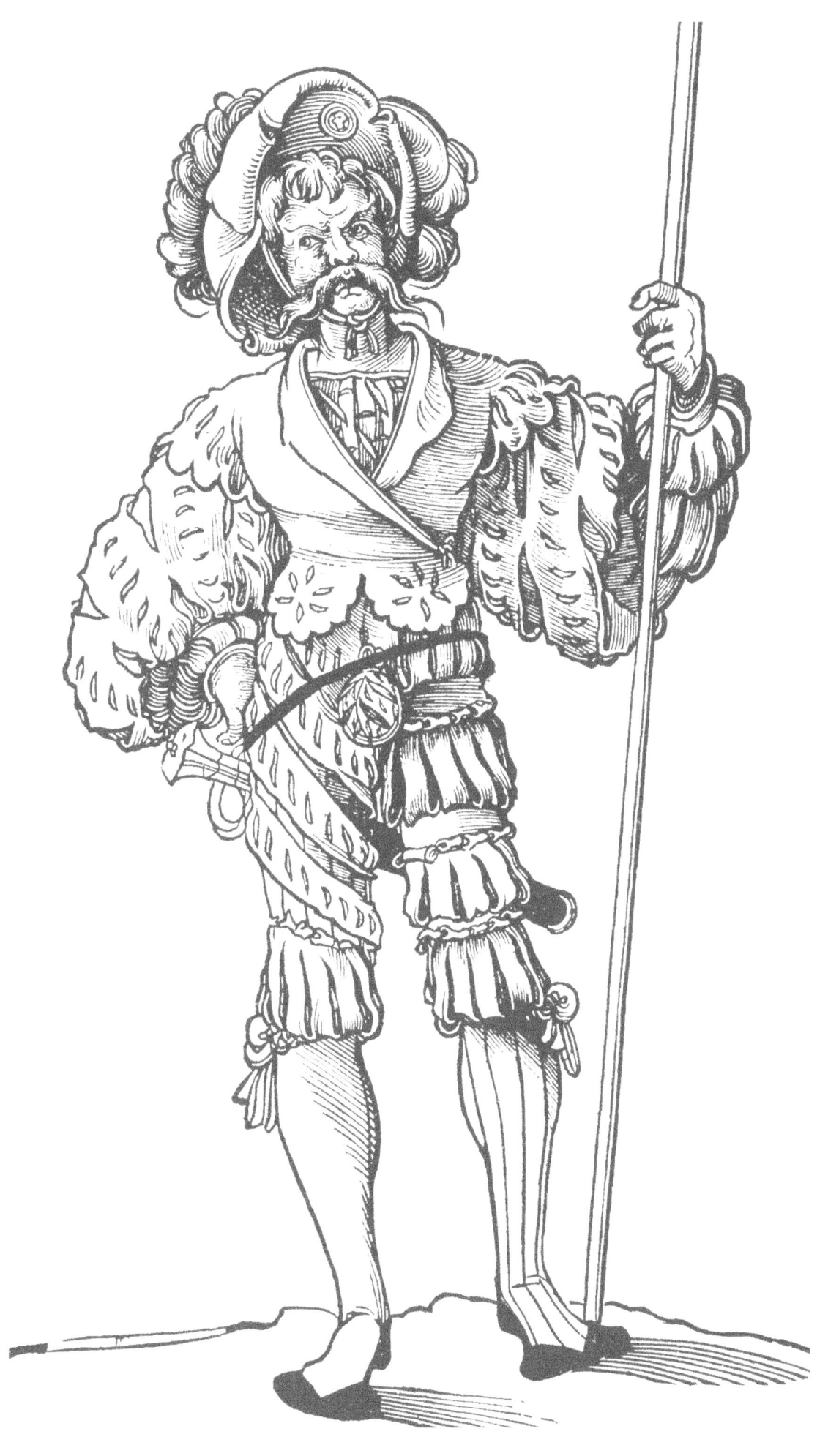

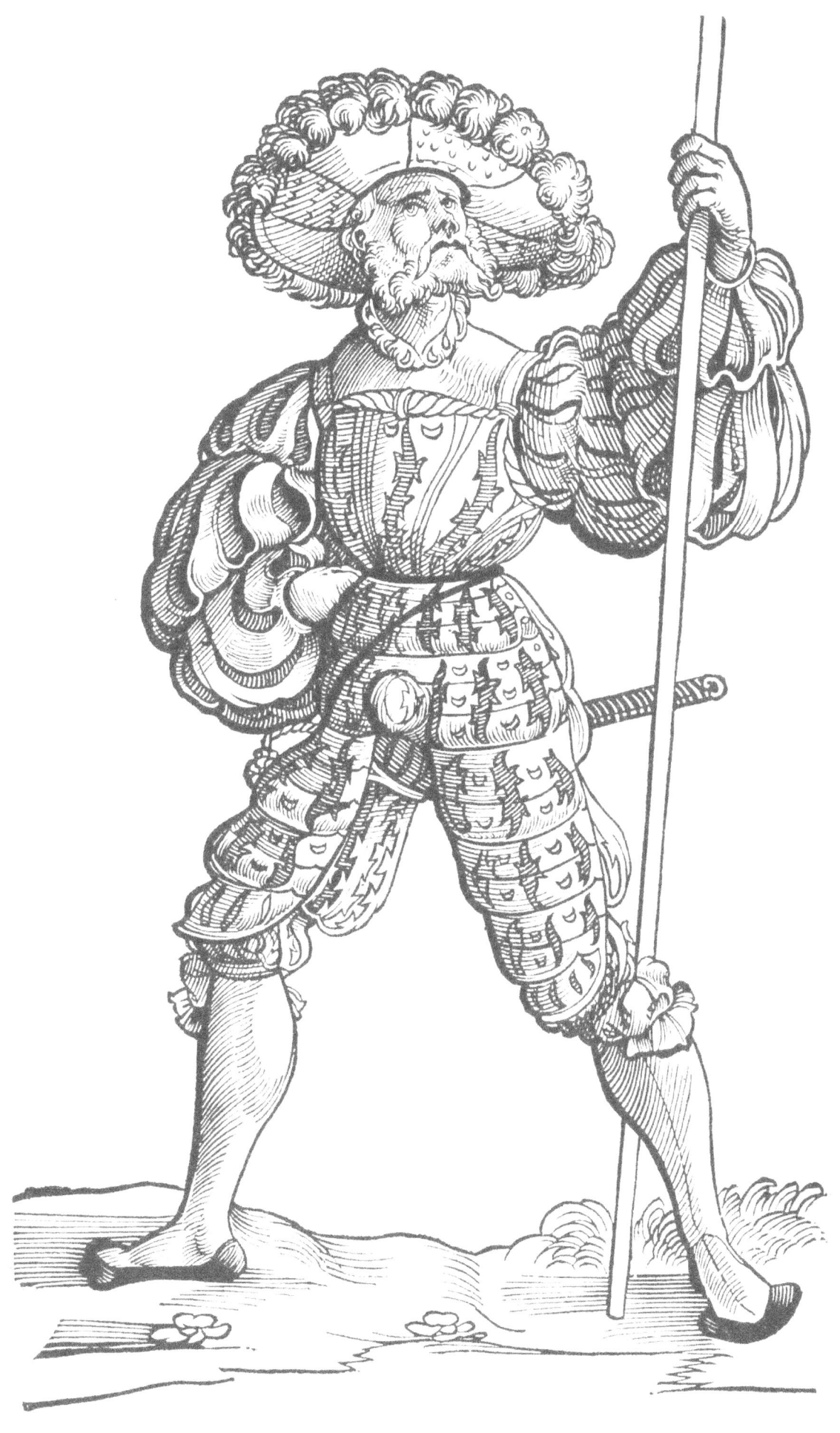

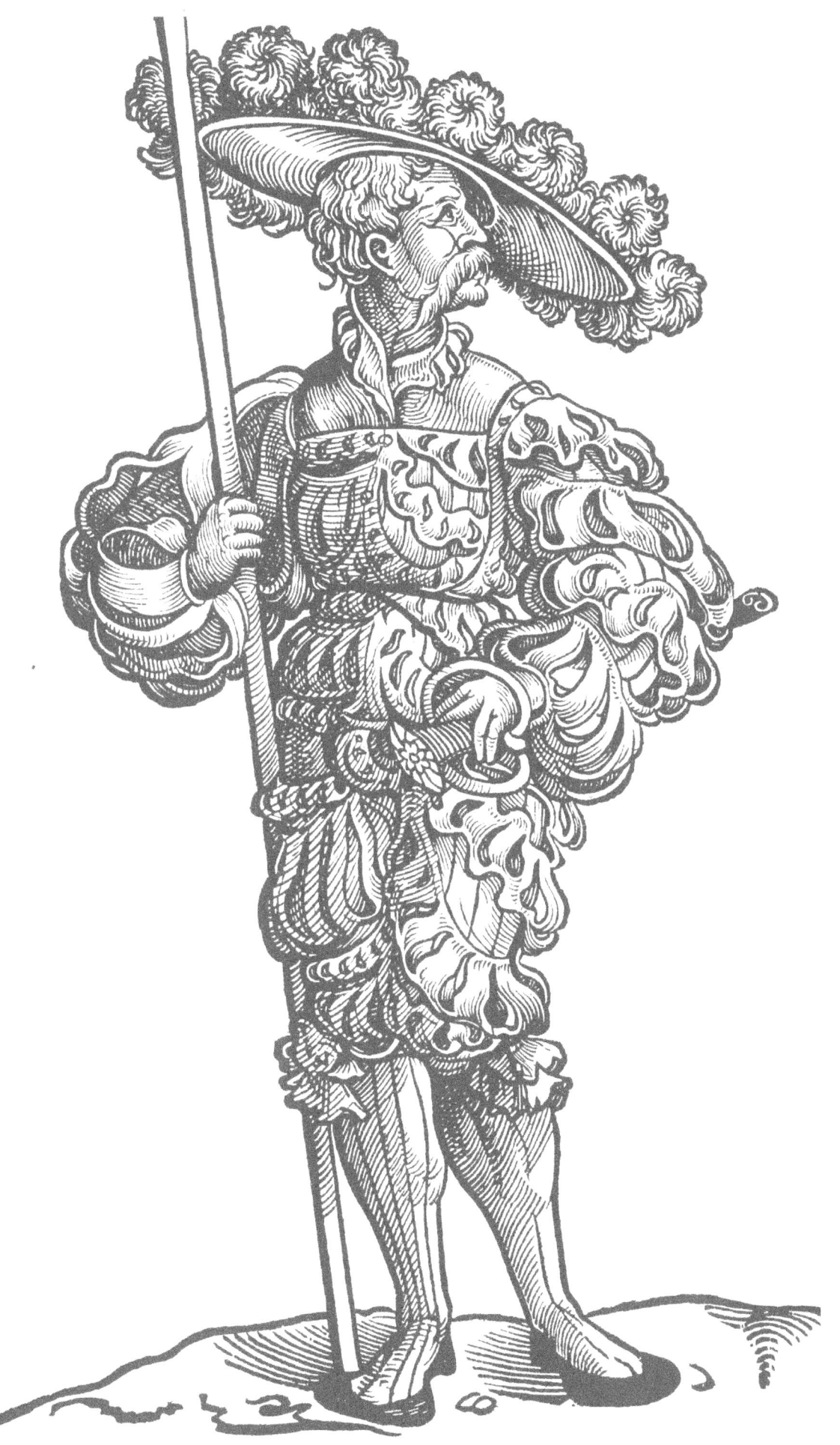

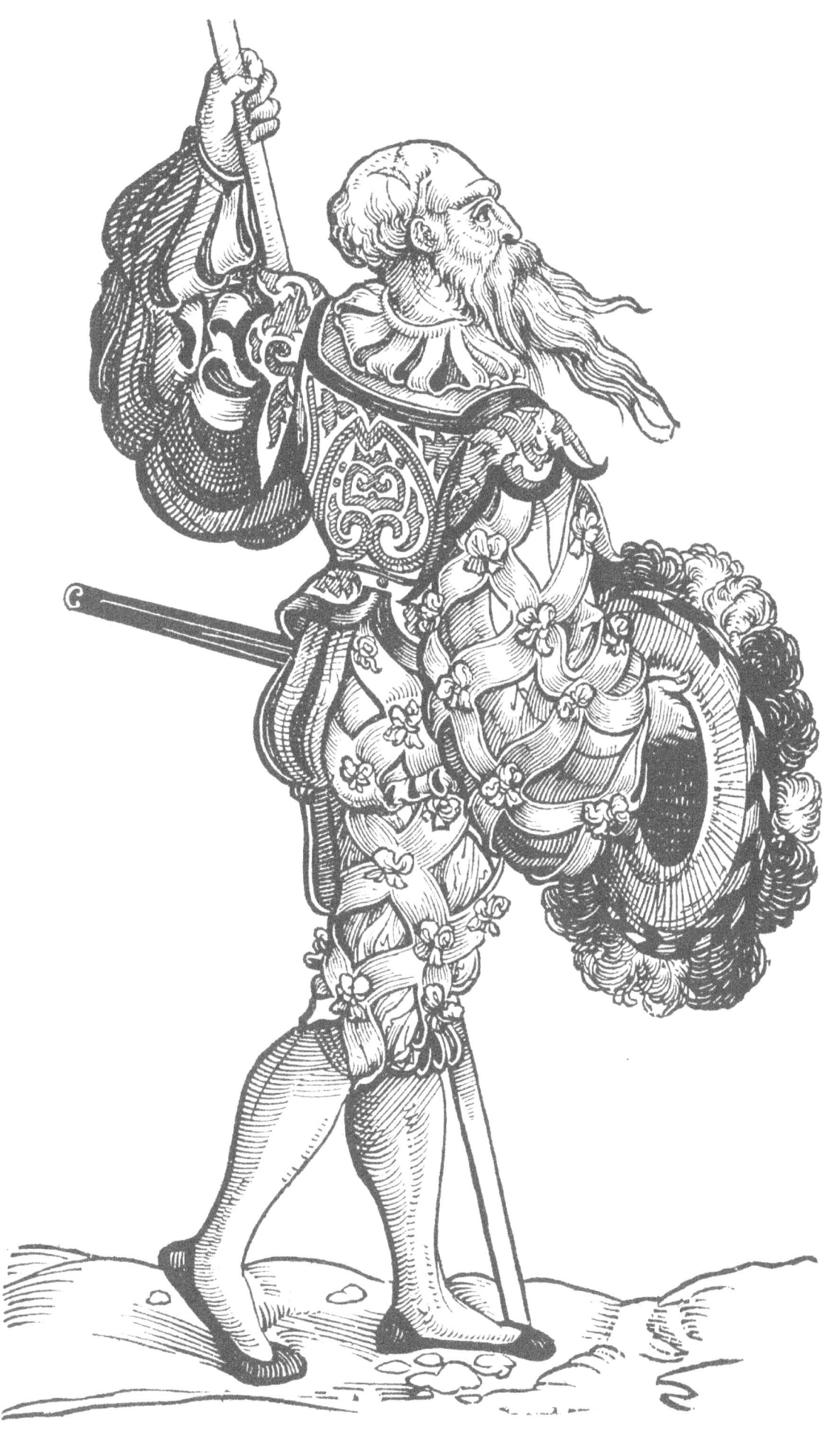

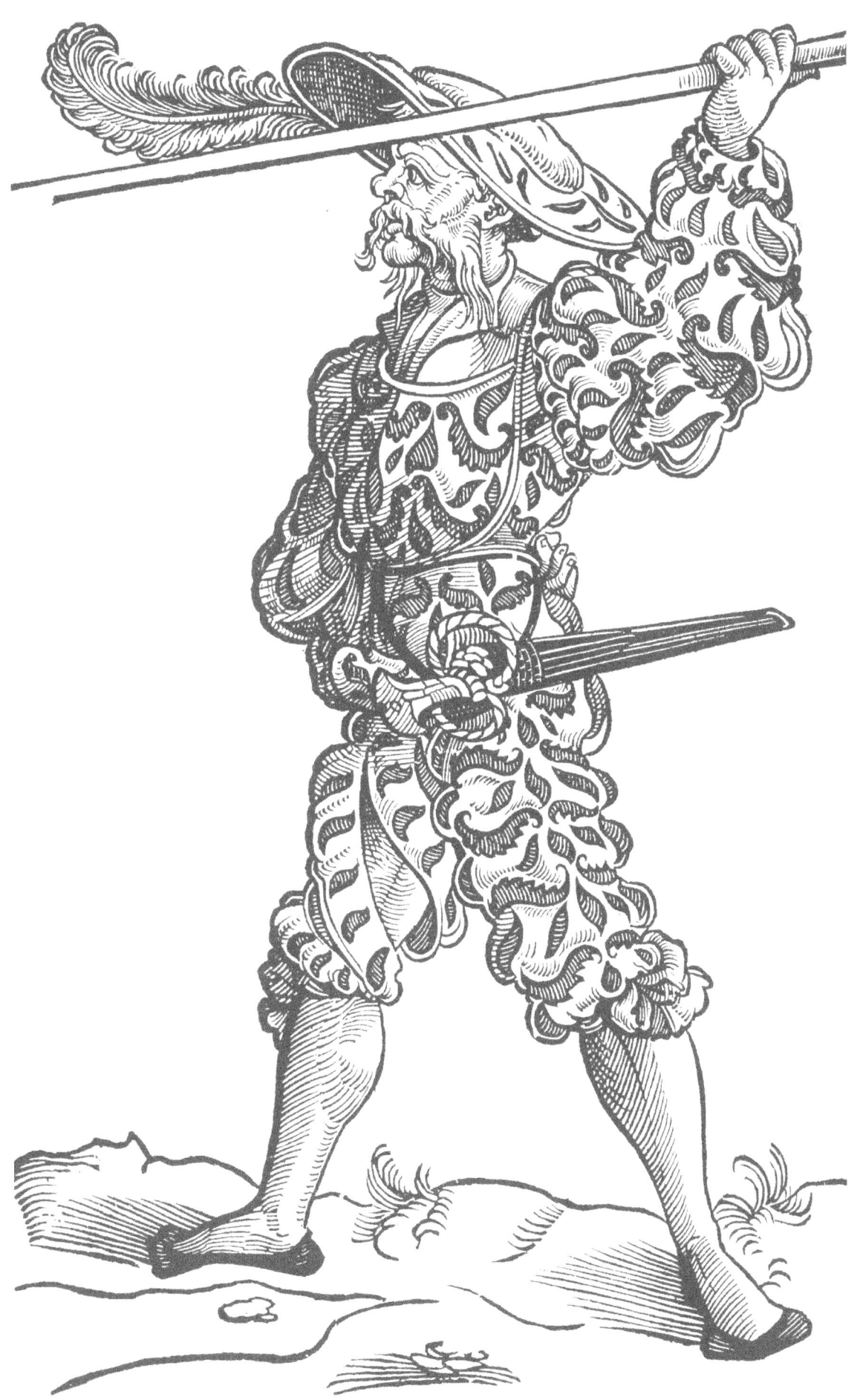

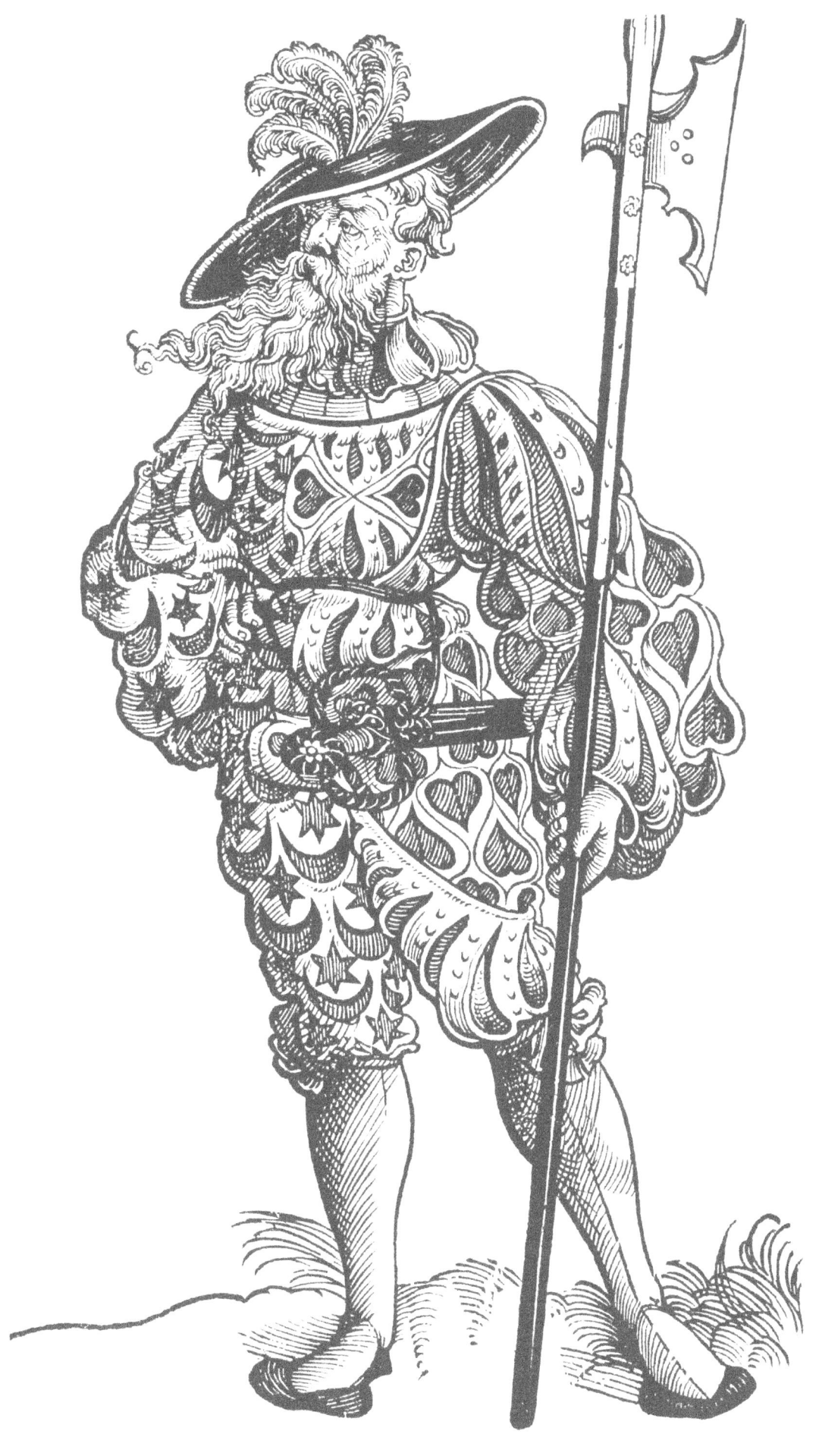

.

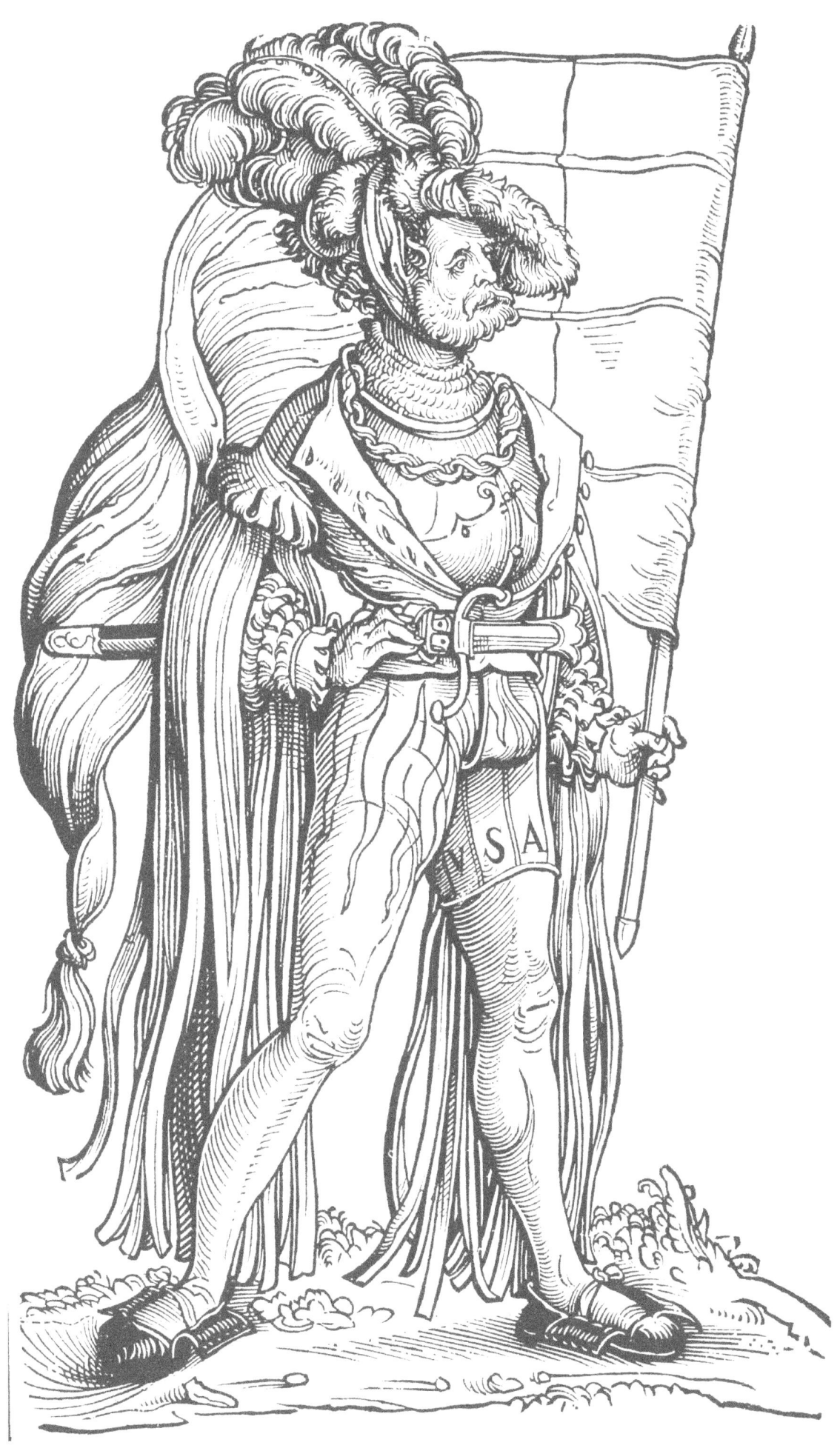

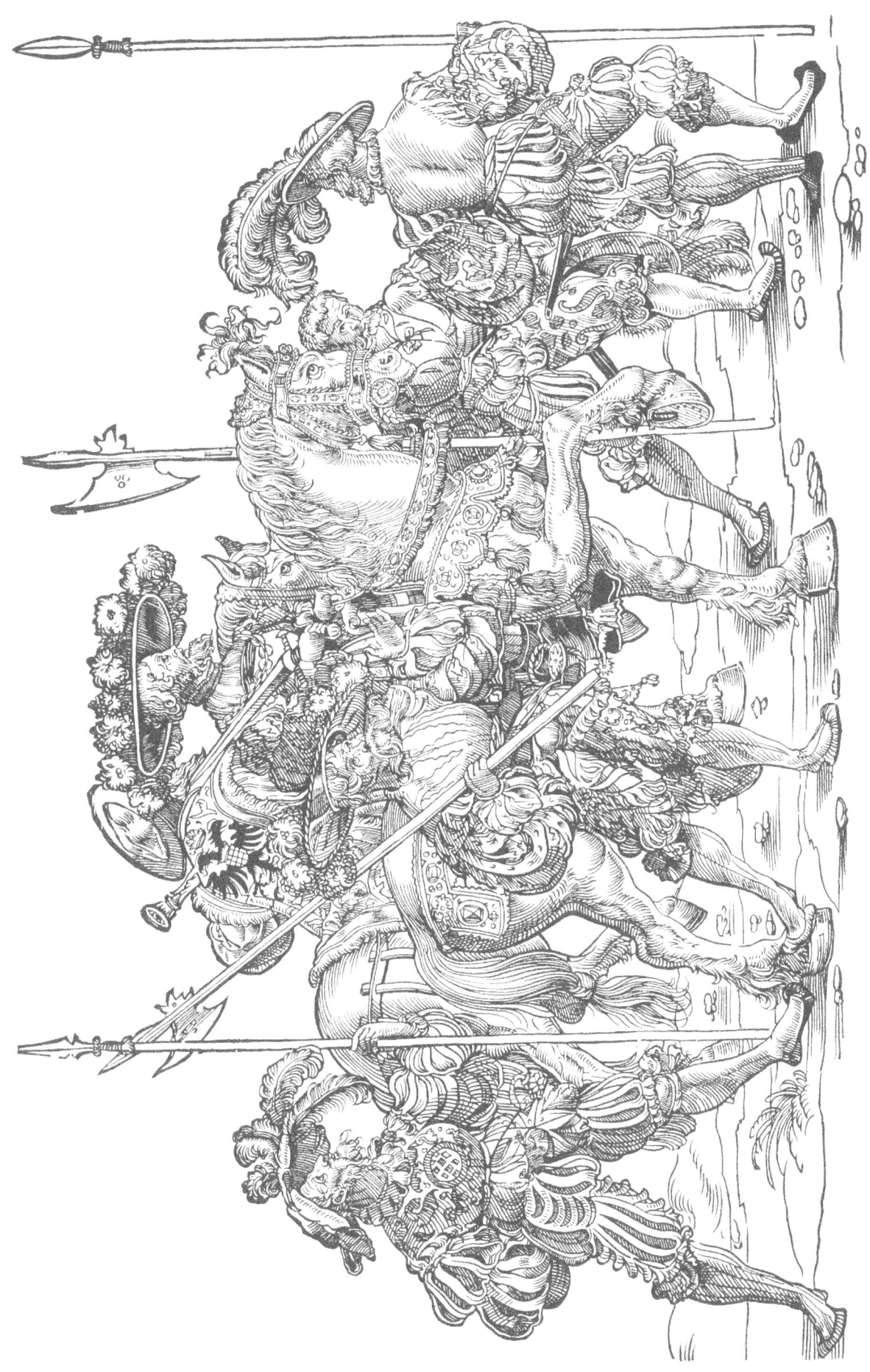

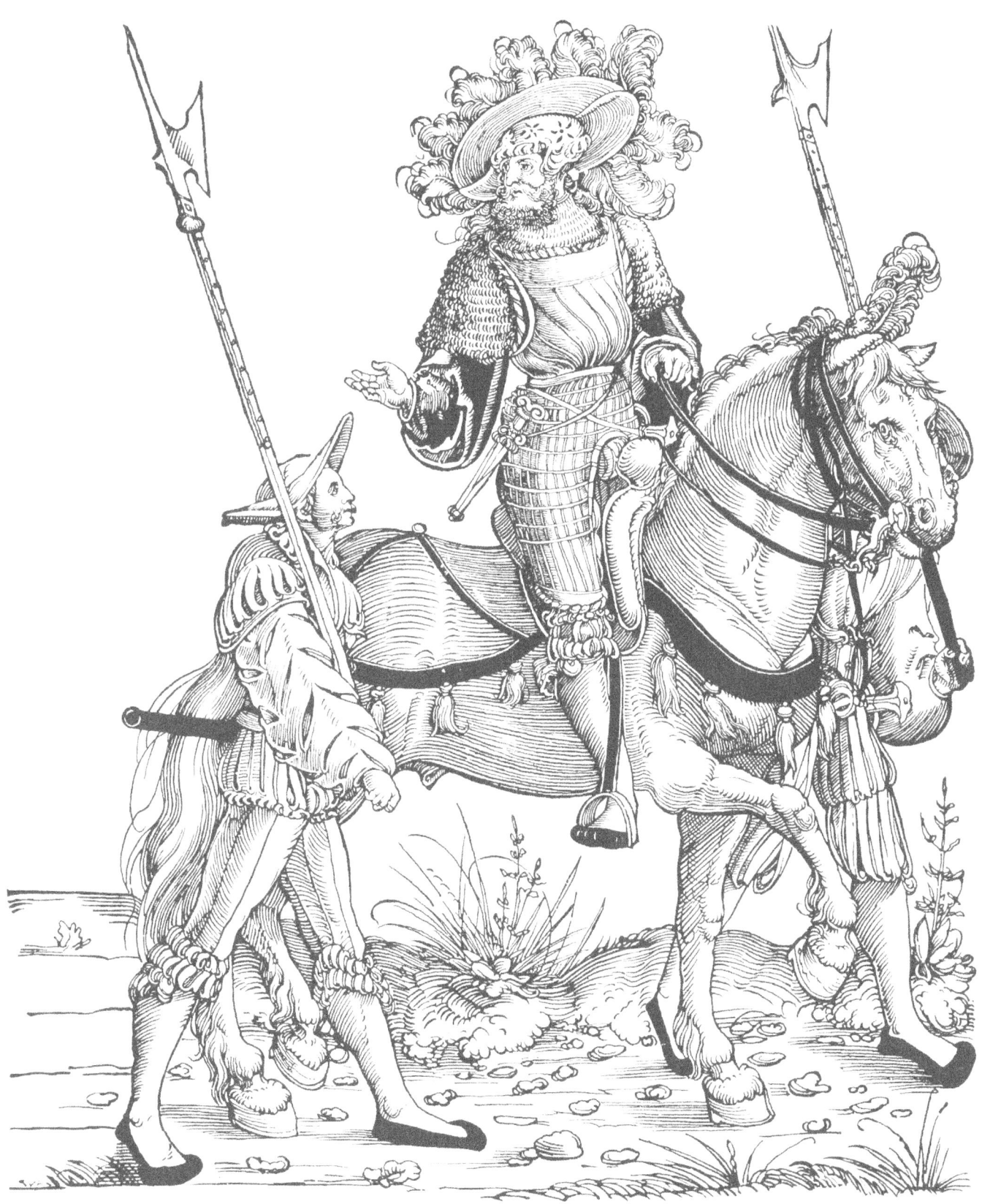

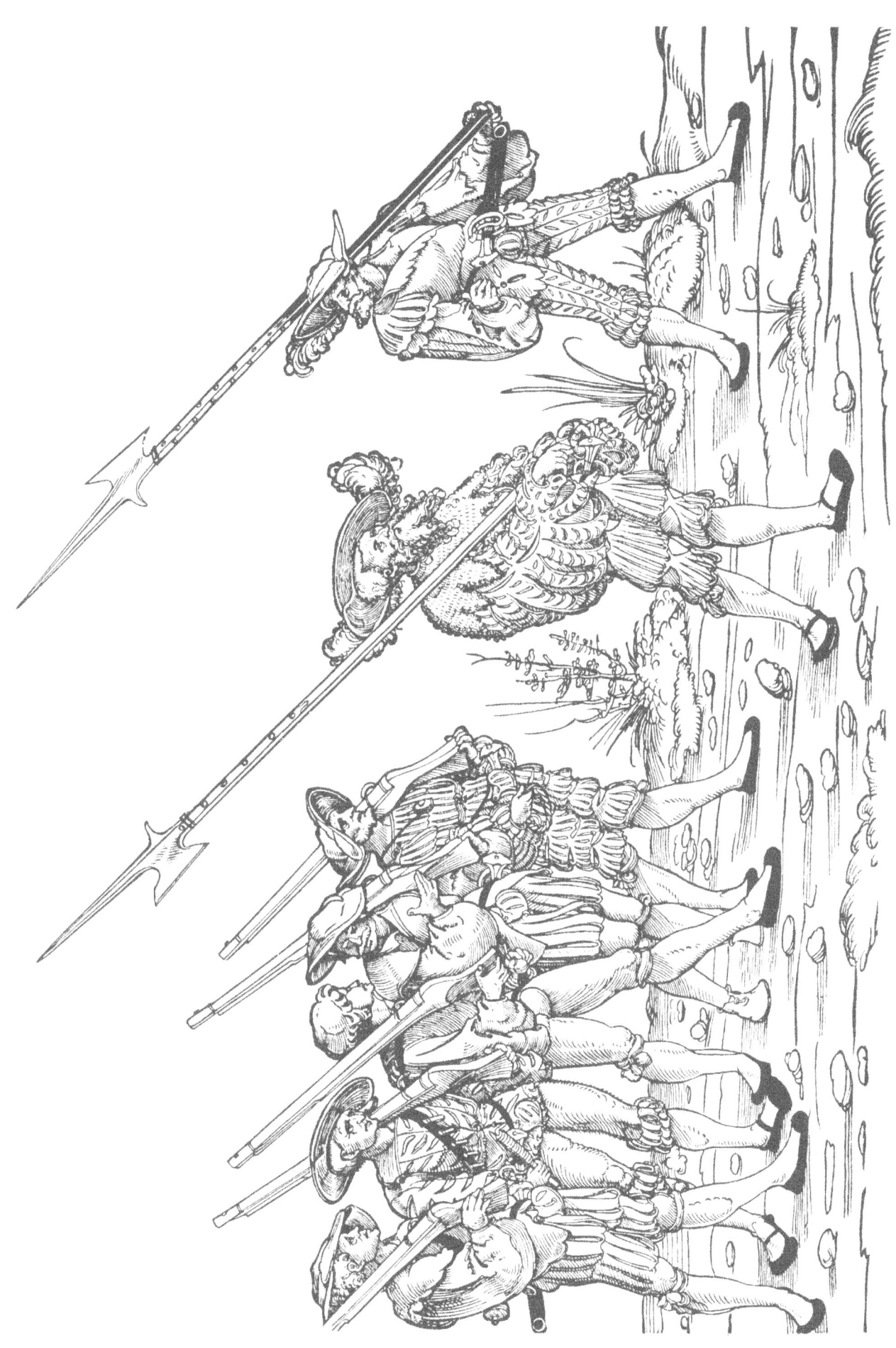

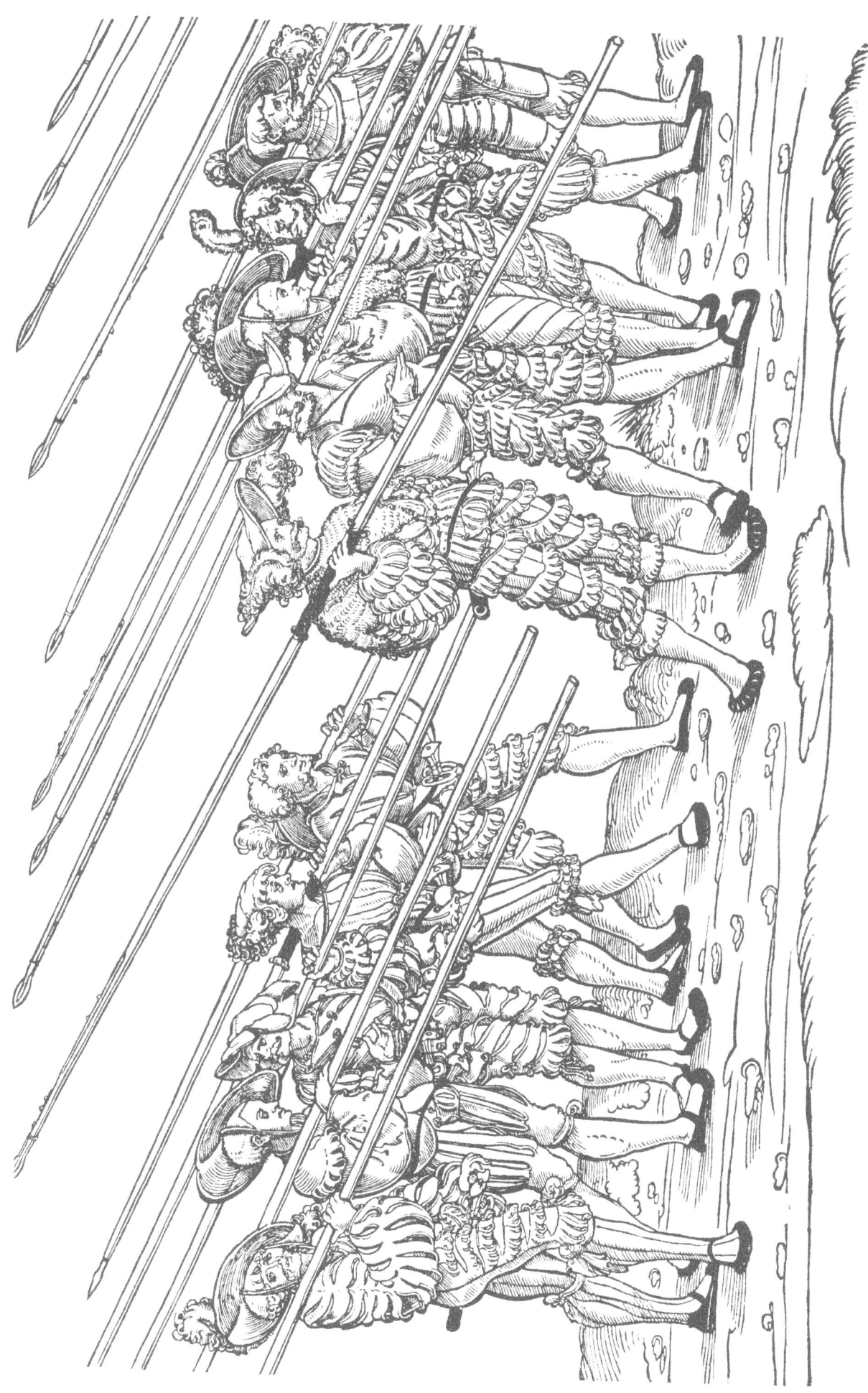

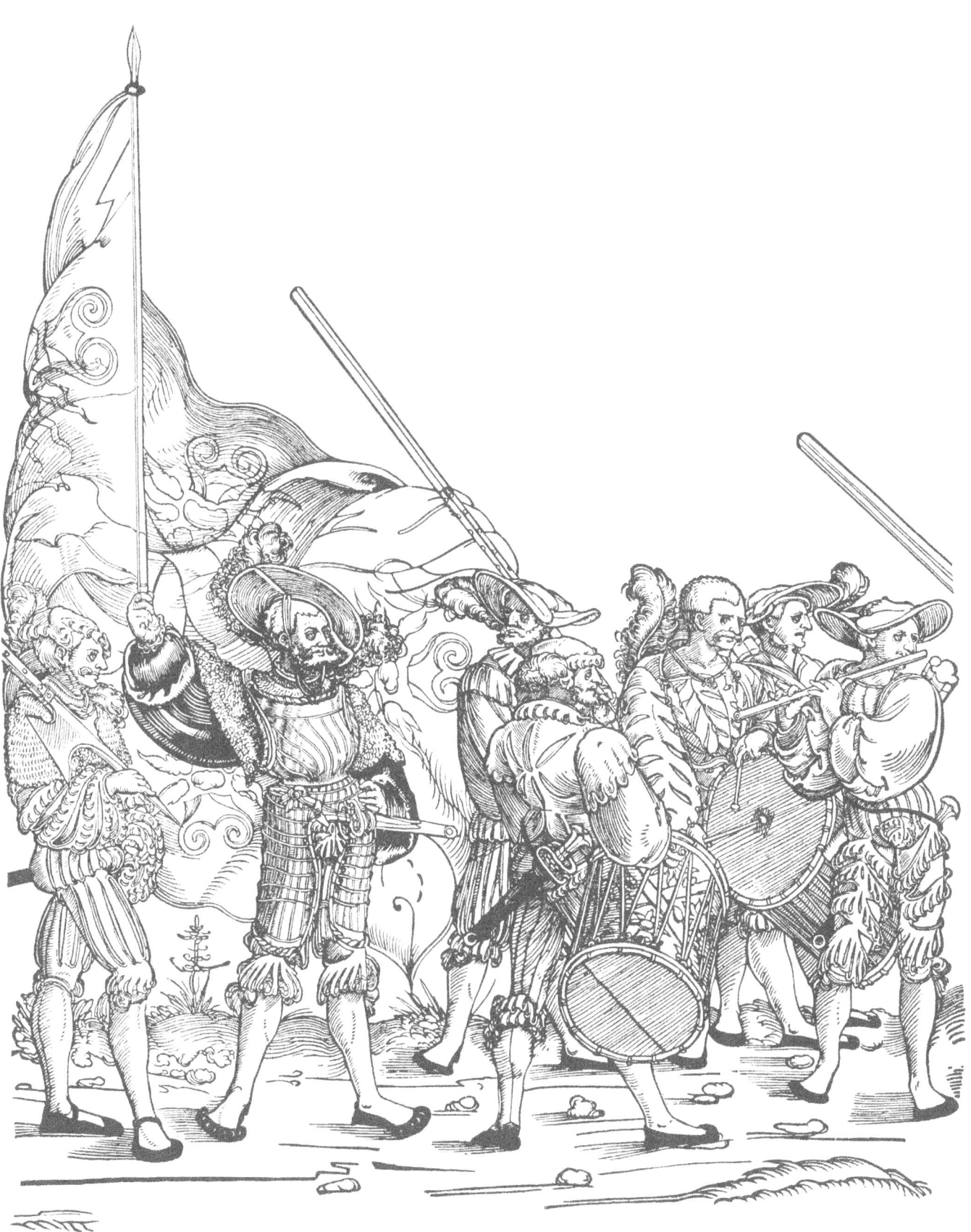

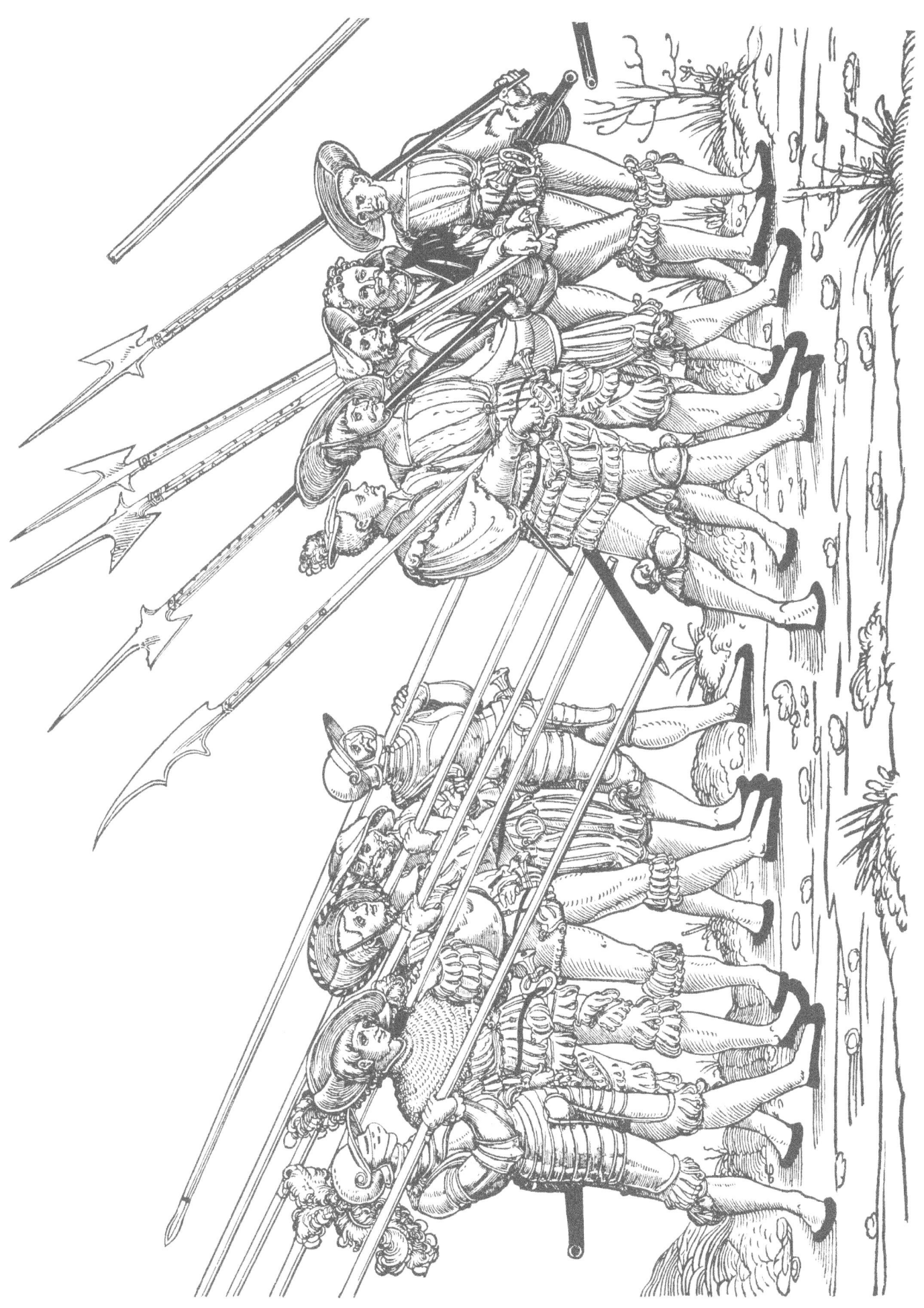

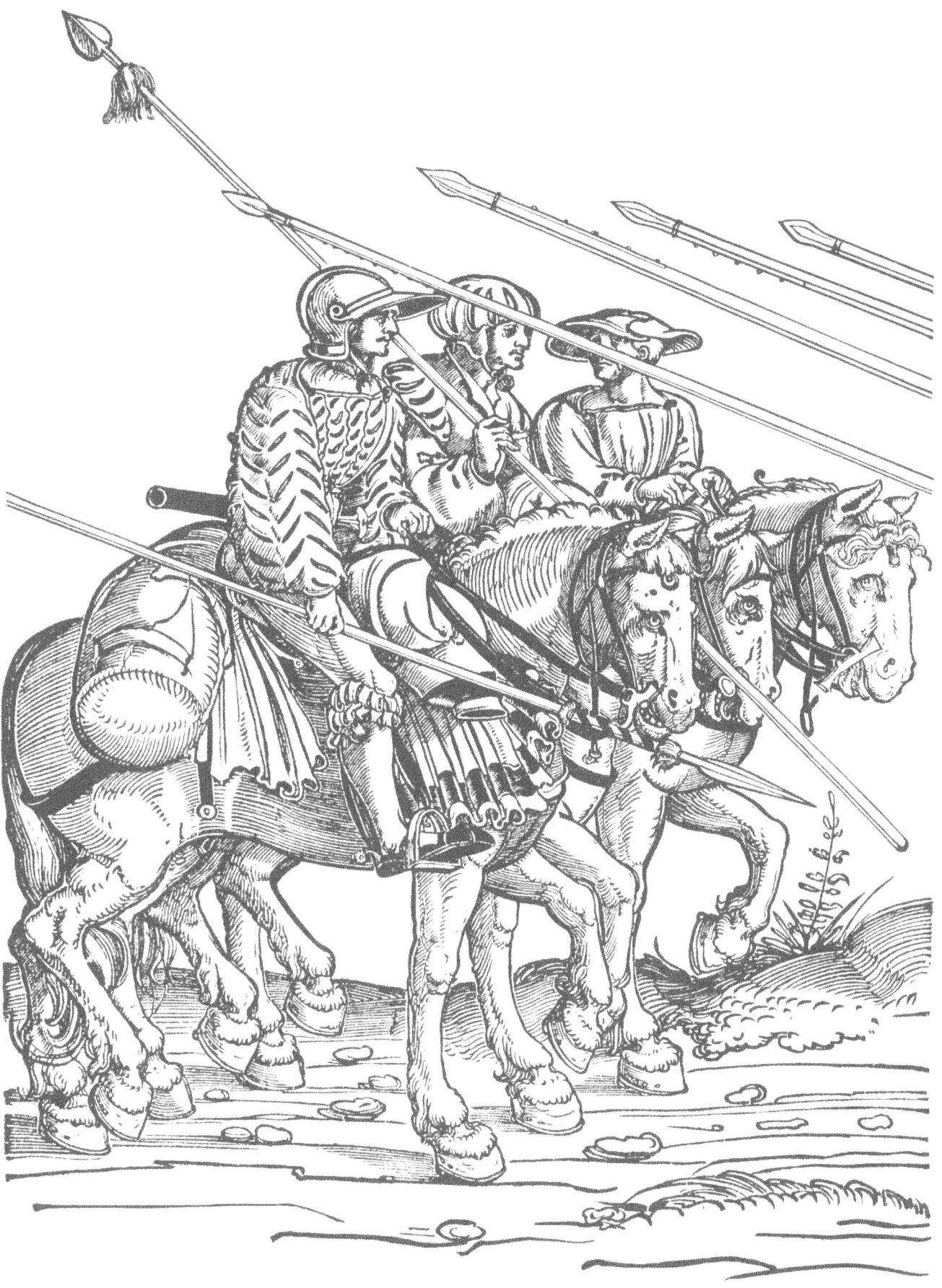

Kriegsrath.

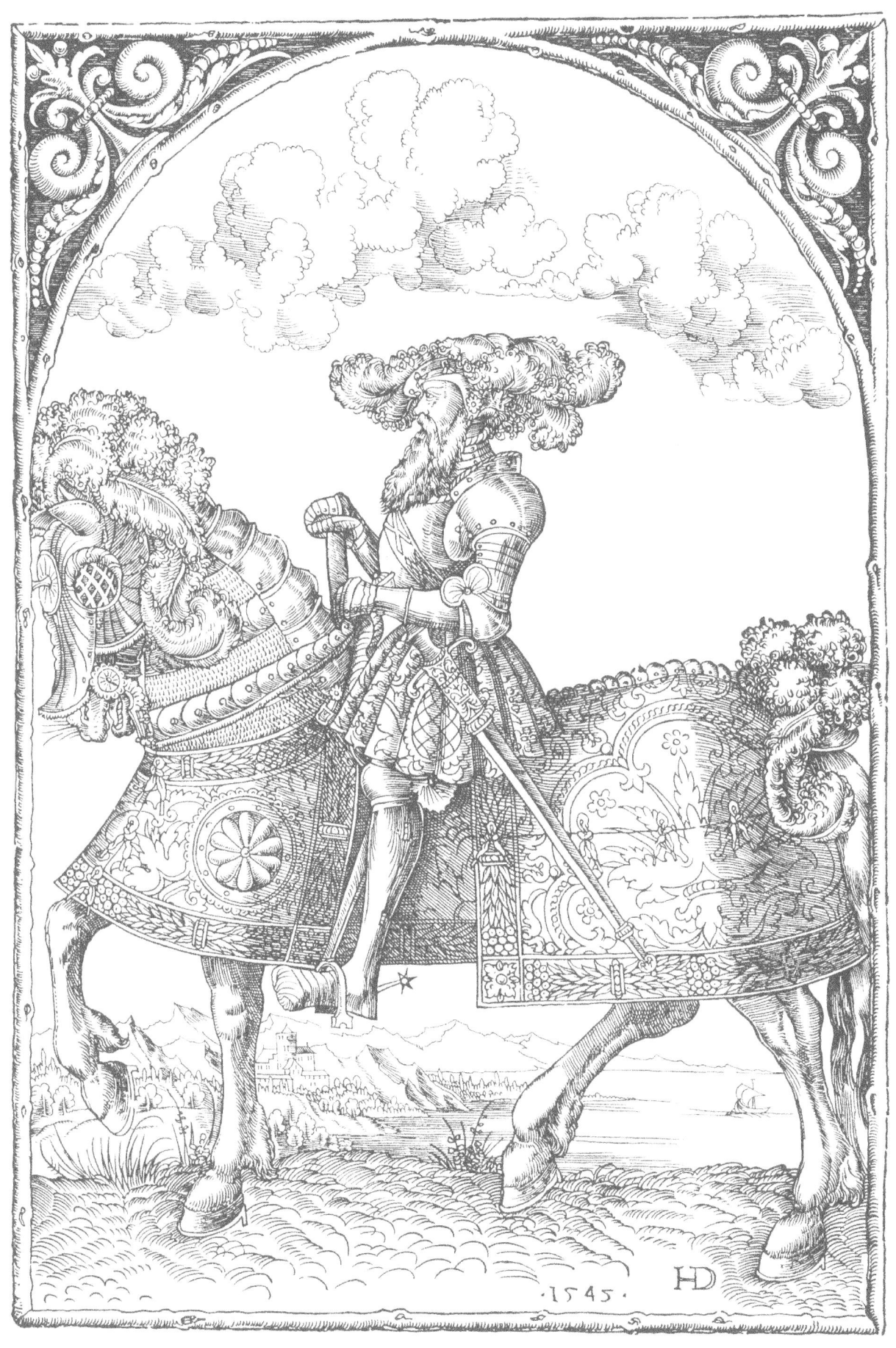

·1545·  HD

Oberſter Feldhauptman.

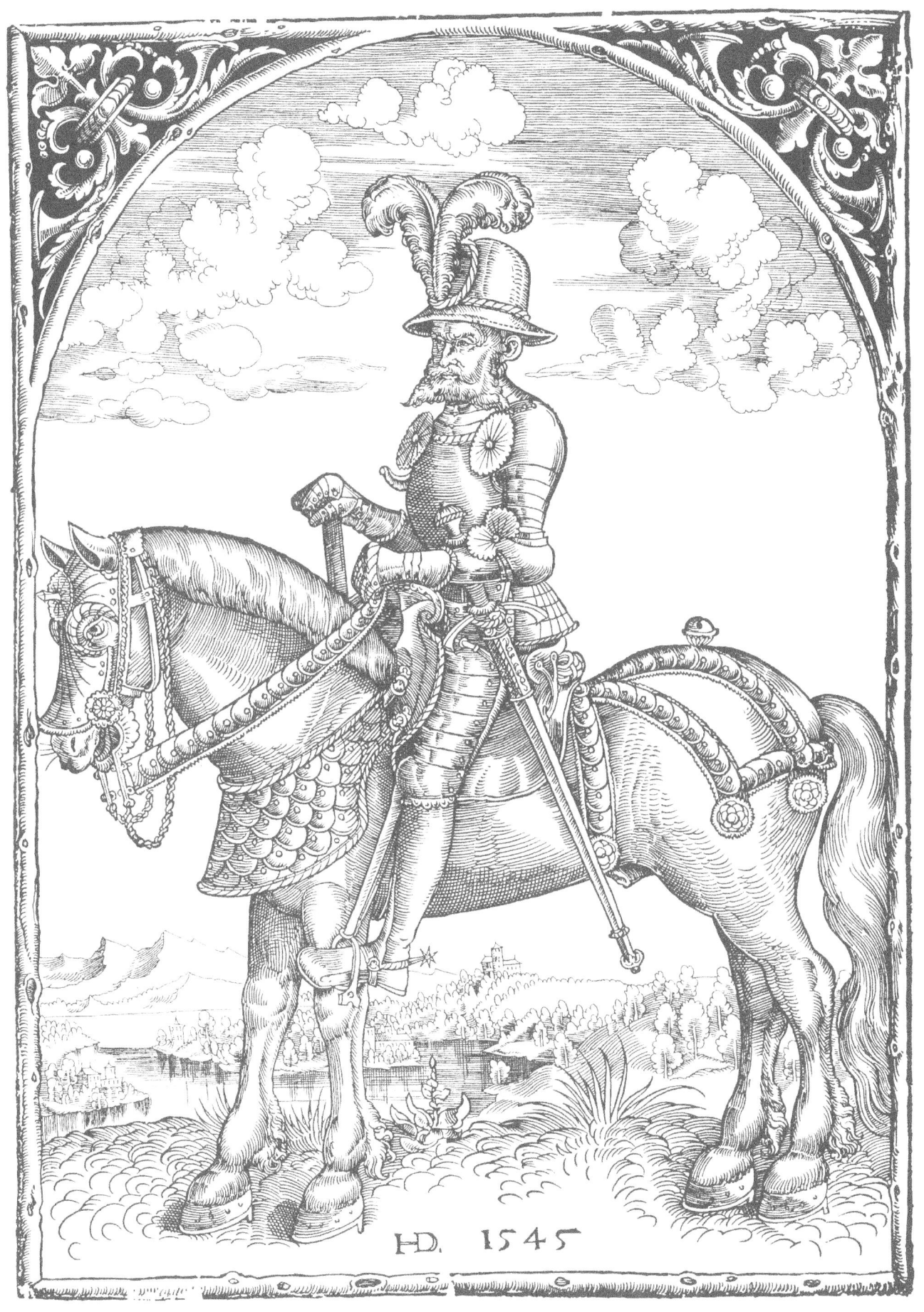

HD. 1545

Feldmarſchalck.

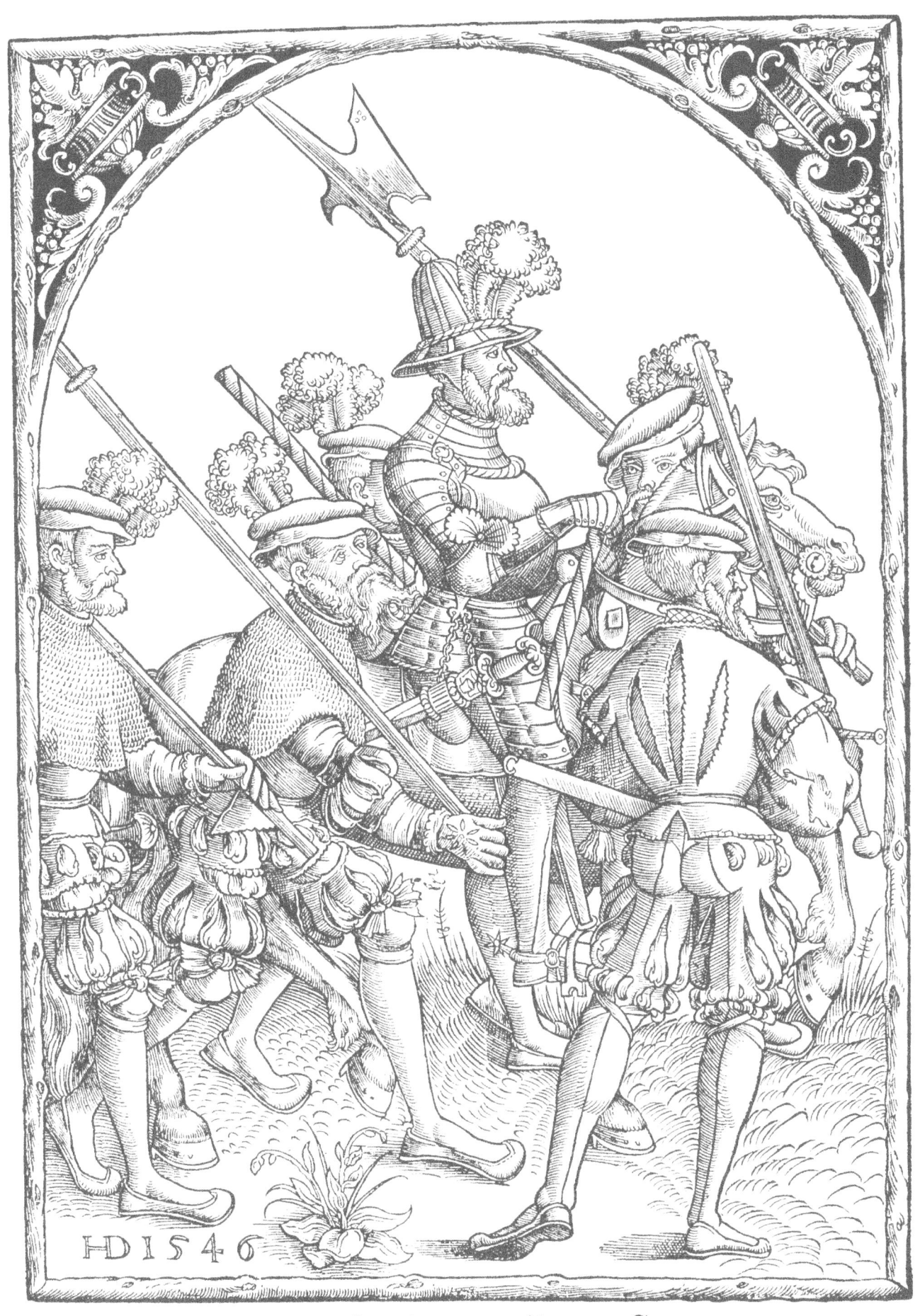

HD 1546

Oberſt vber alle Prouoſen.

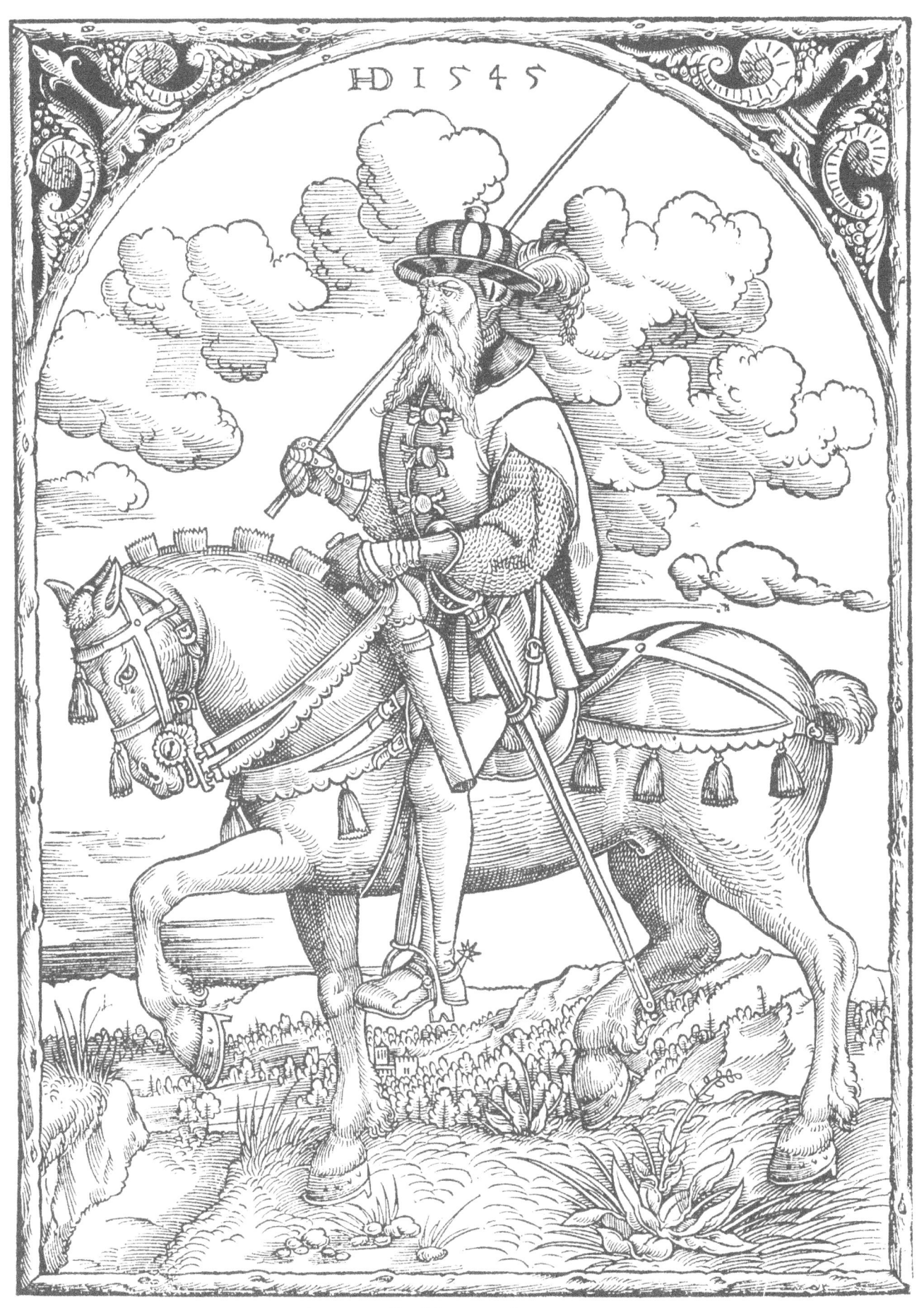

HD 1 5 4 5

Oberſt Prouianther.

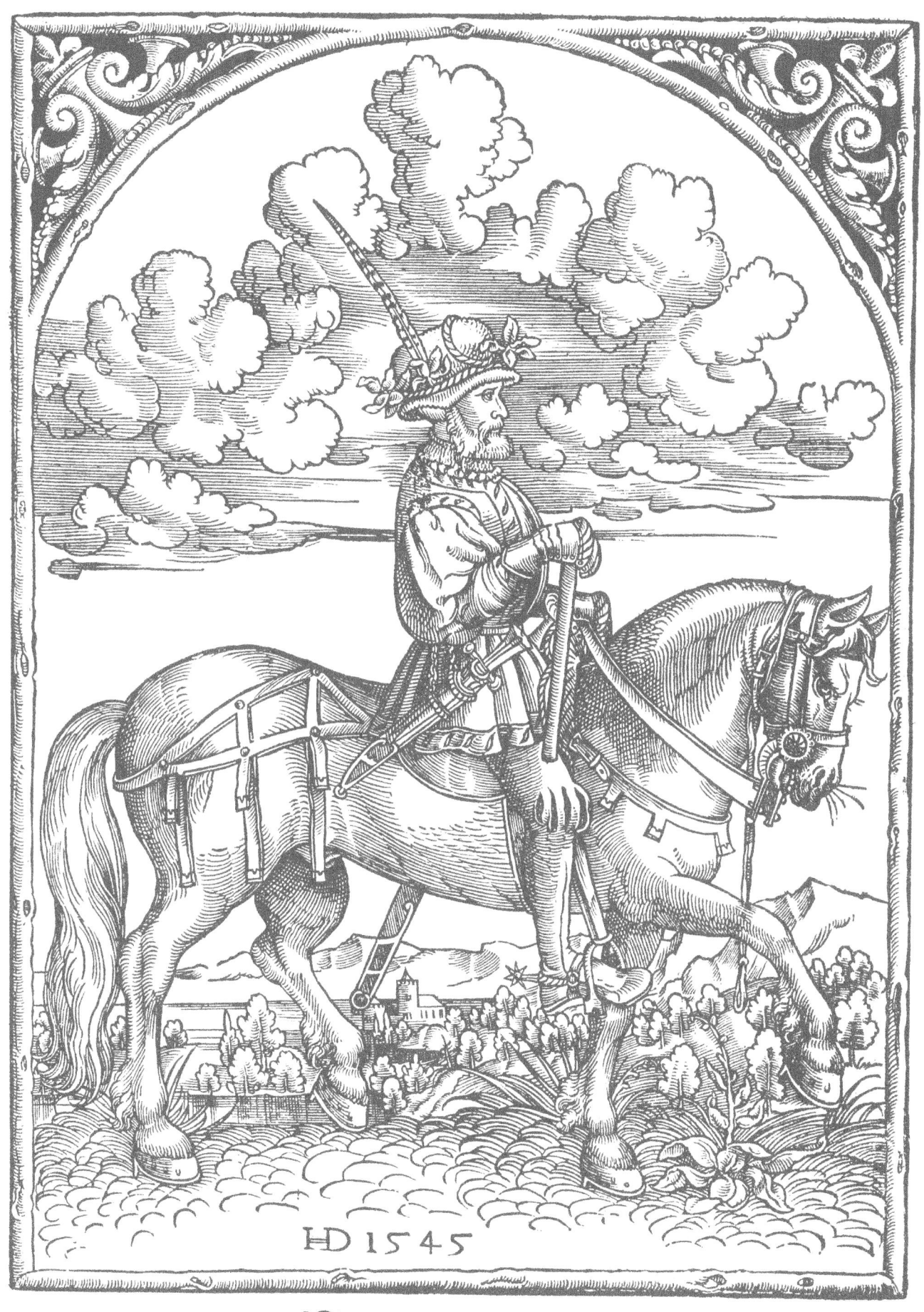

HD 1545

Wagenburgmeifter.

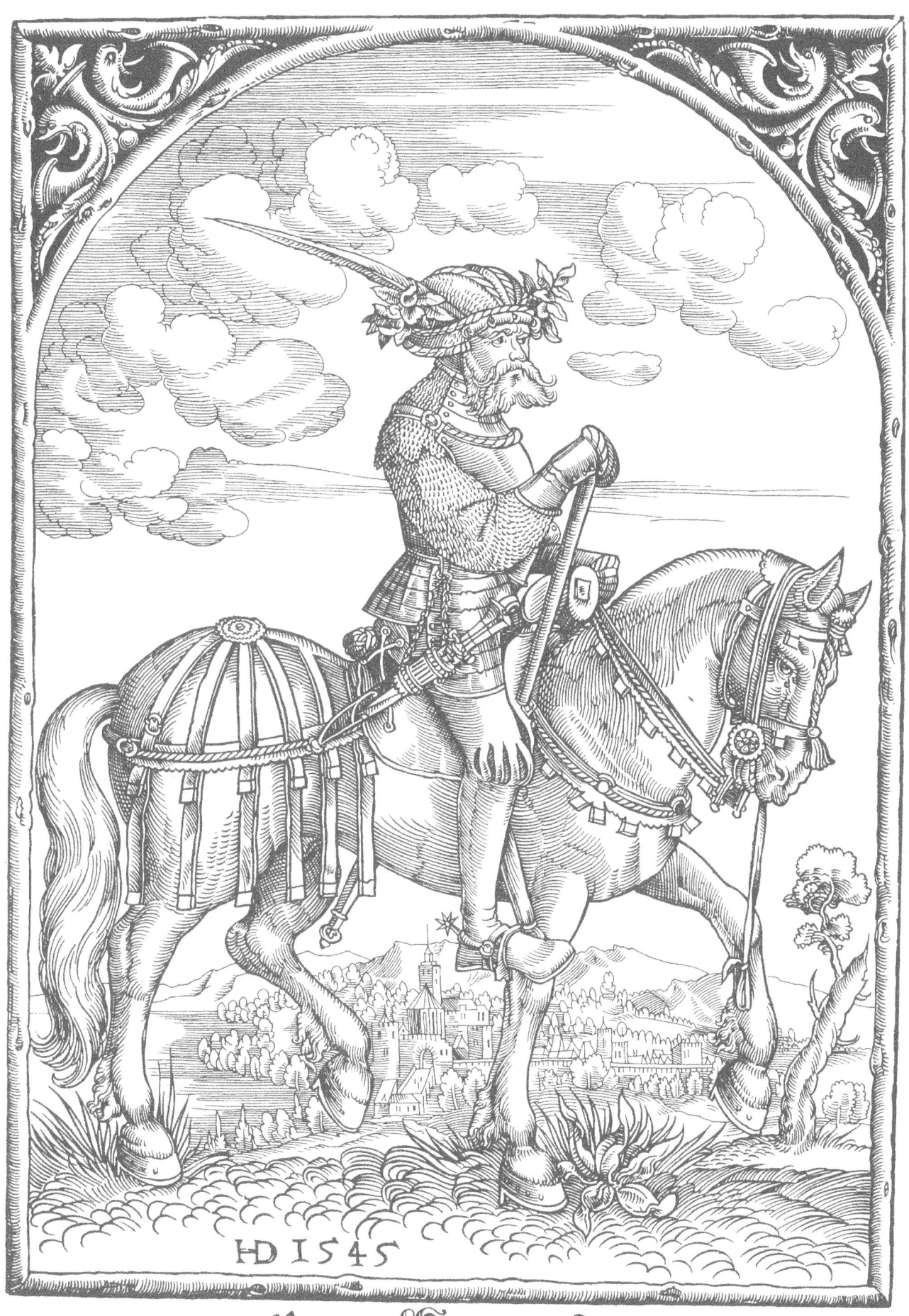

Reuter Wachtmeister.

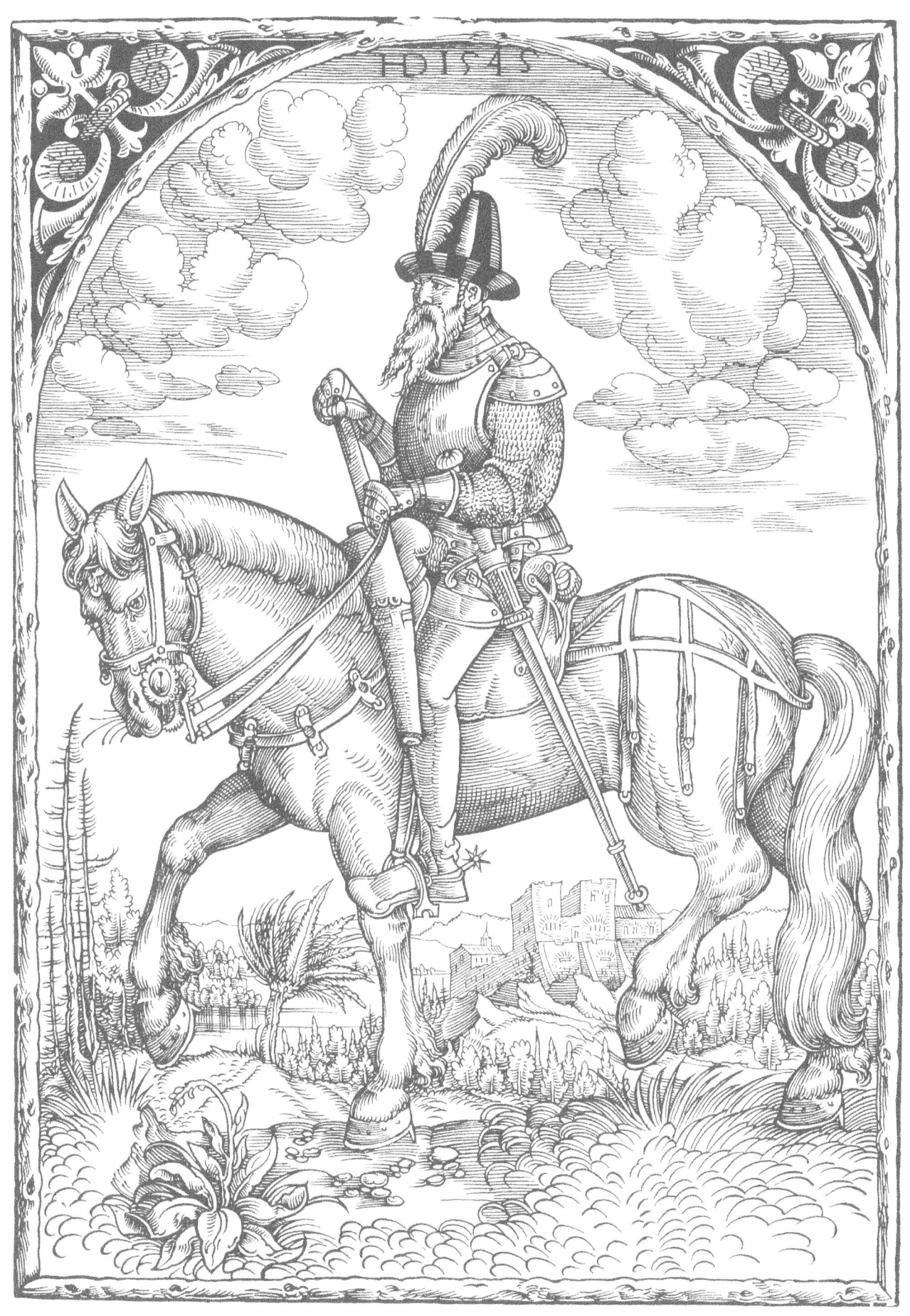

HDIS45

Reutter quartiermeifter.

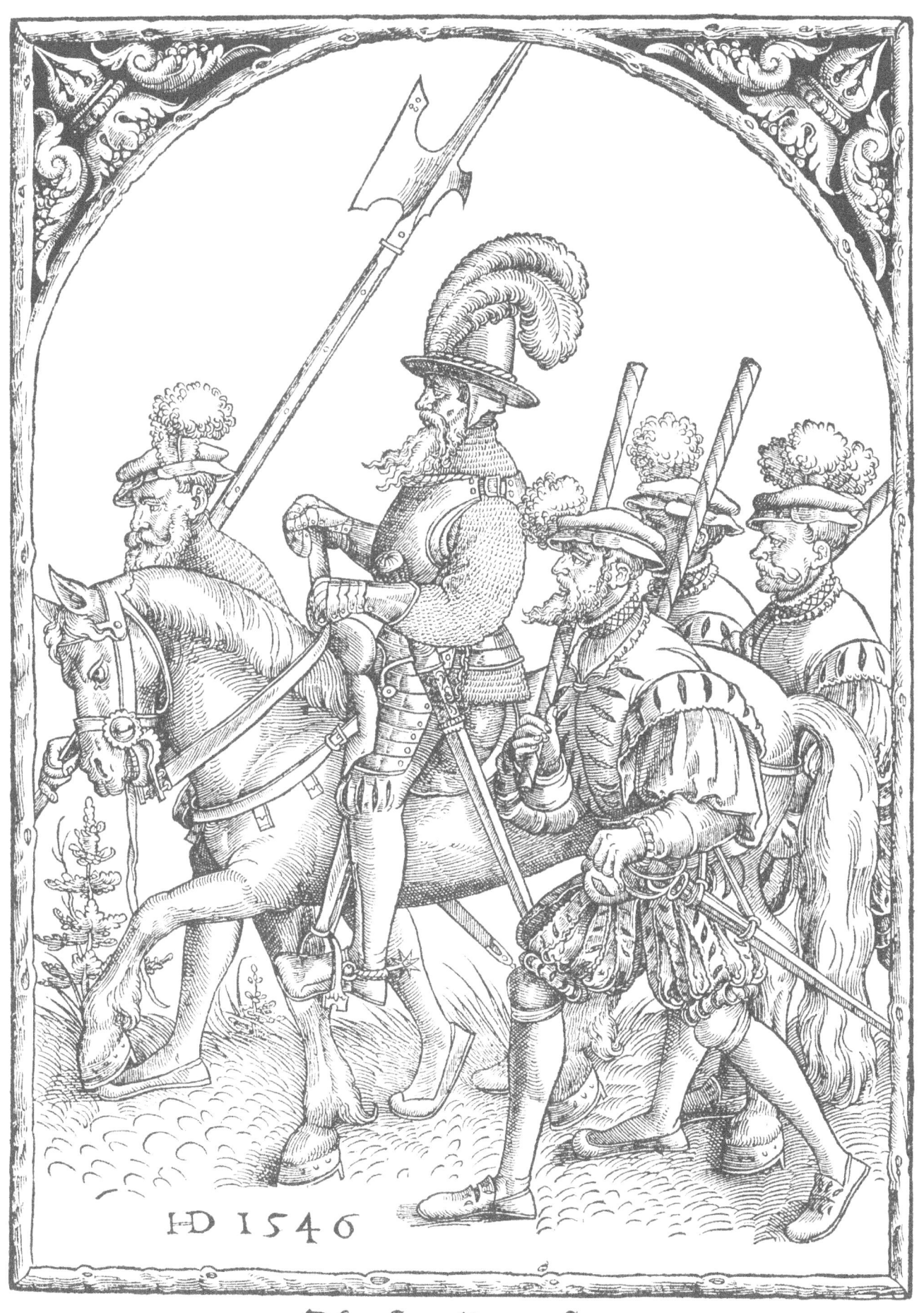

HD 1546

Oberſter Prouoſt.

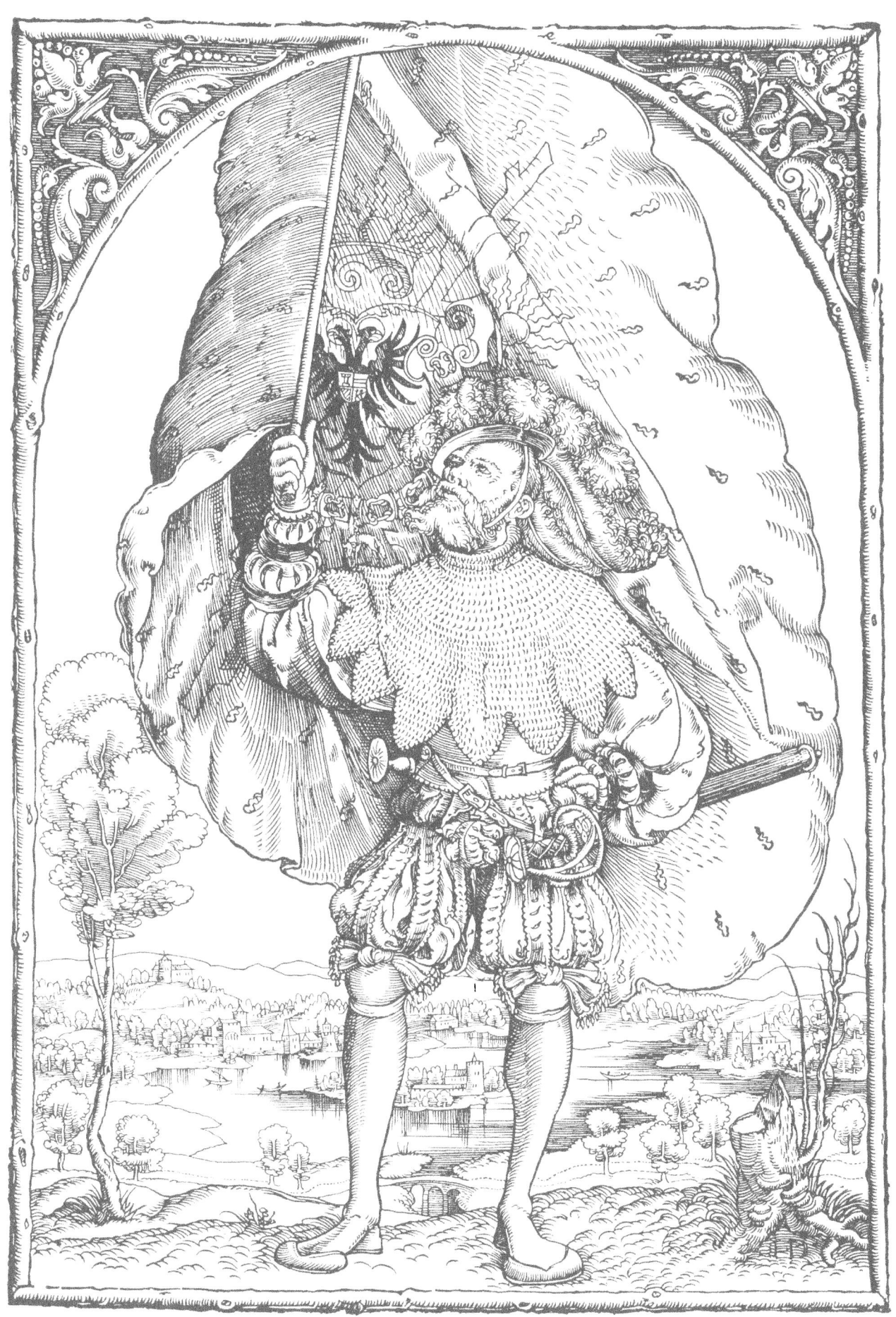

Fendrich.

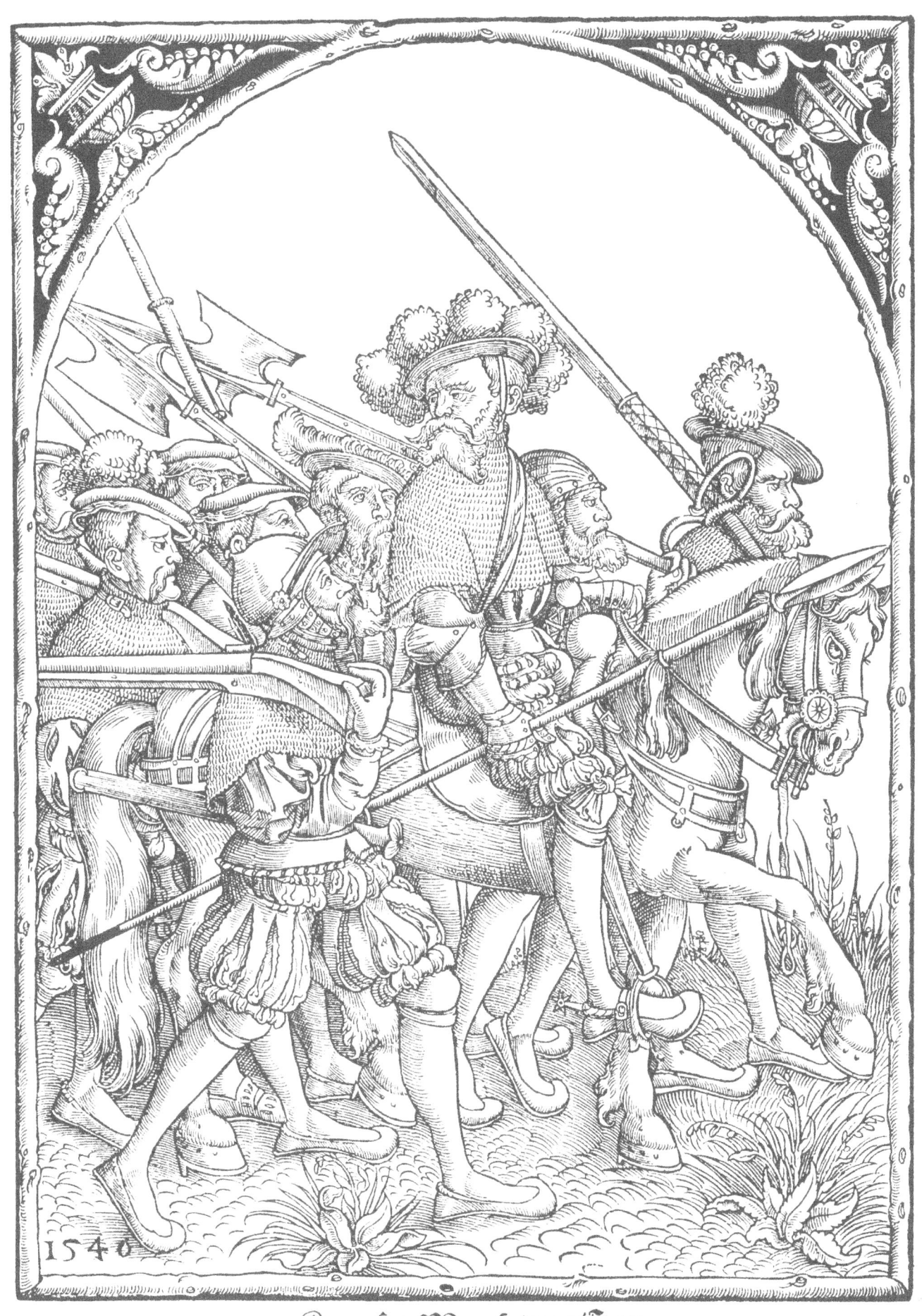

1546

Knecht Wachtmeiſter.

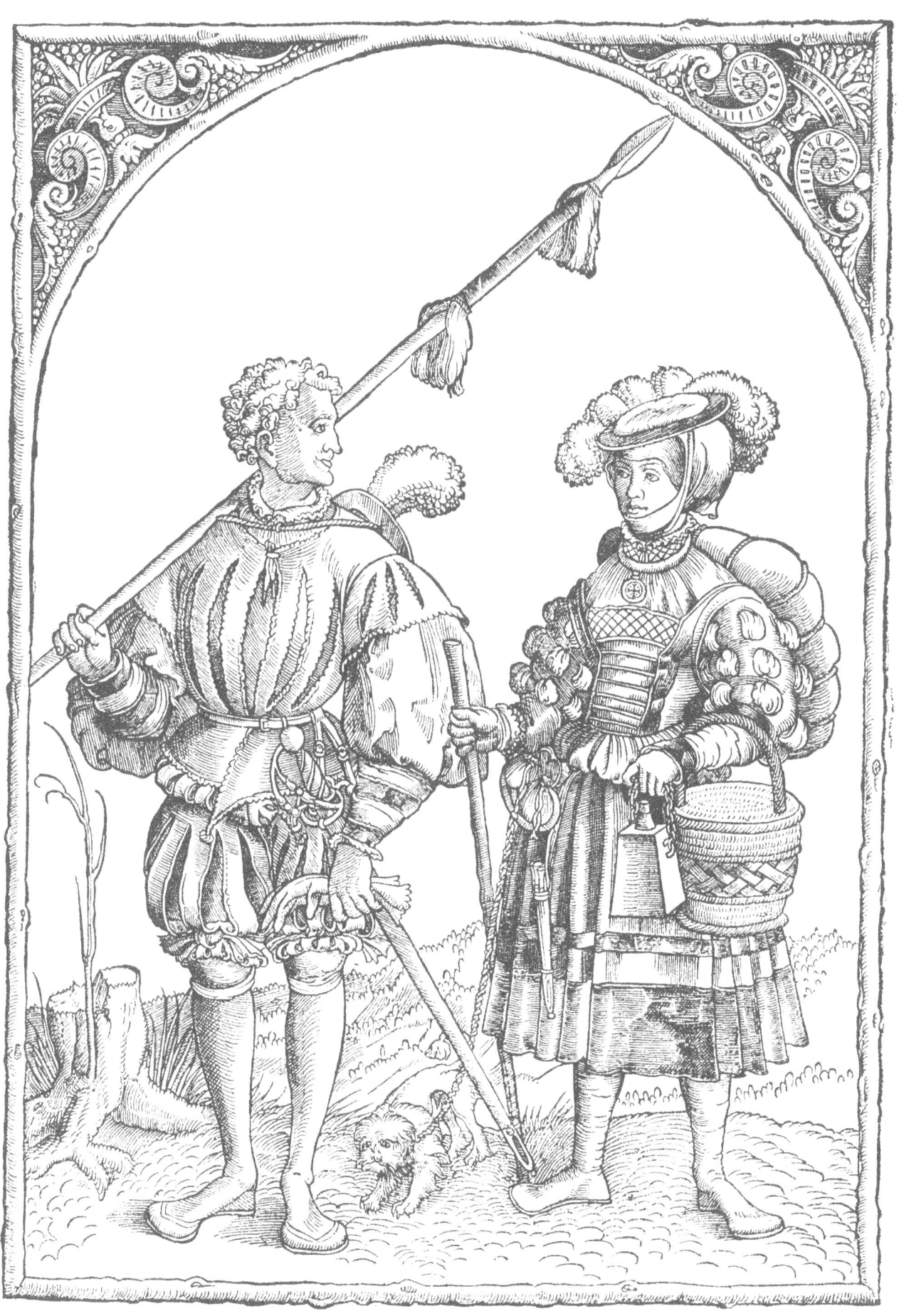

Hurnweibel.

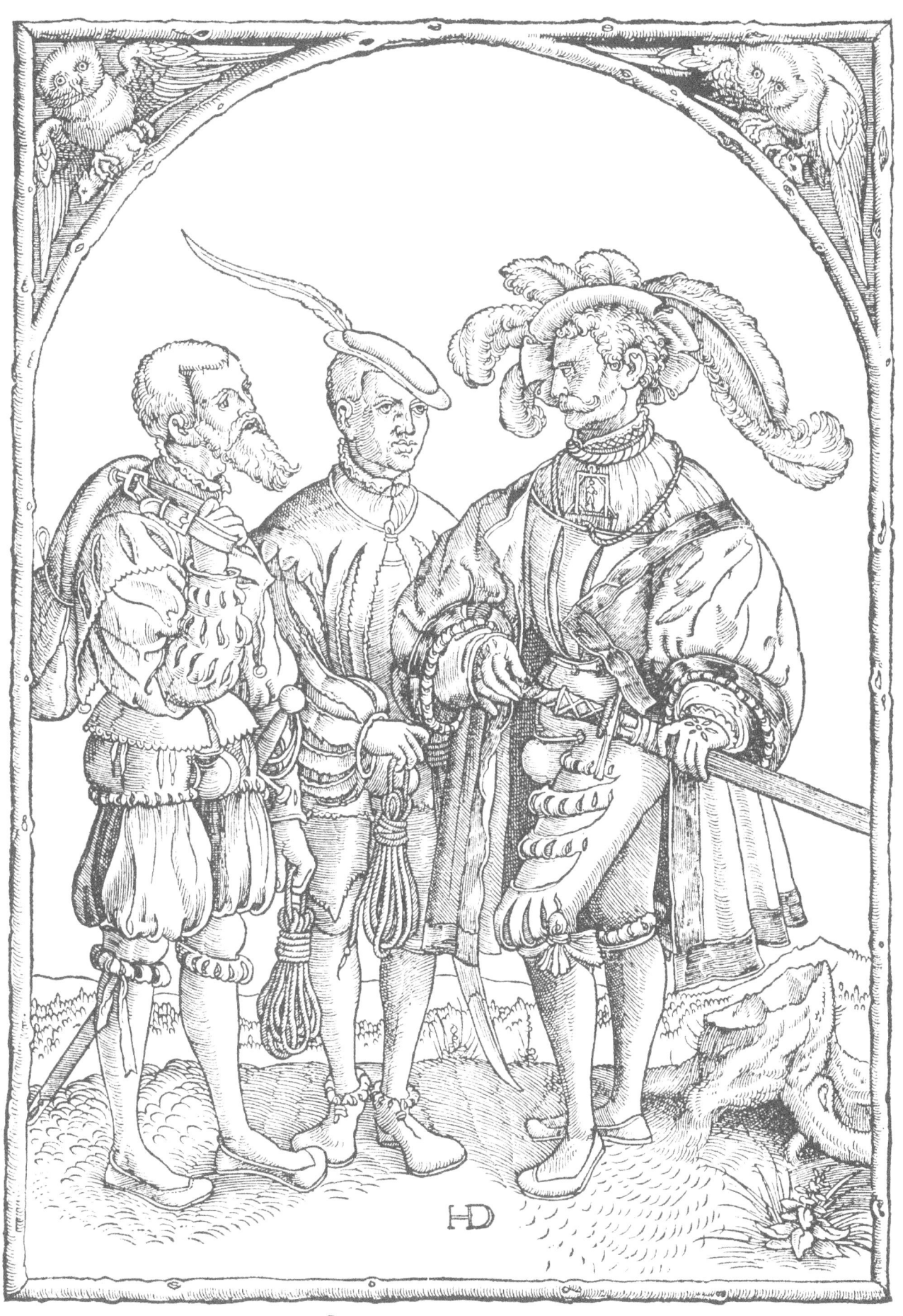

Scharpffrichter.

www.ingramcontent.com/pod-product-compliance
Lightning Source LLC
Chambersburg PA
CBHW080951170526

45158CB00008B/2443